Direction éditoriale : Guillaume Pô
Édition : Christine Hooghe
Direction artistique : Studio Fleurus
Conception graphique intérieure : Claude Poirier
Photographies : Olivier d'Huissier

Auteurs :
Christophe Boncens pour les pages 42-43, 44-45, 52 à 55, 60-61, 64-65, 72 à 77, 80 à 85
Denis Cauquetoux pour les pages 42-43, 46 à 51, 56 à 59, 62-63, 66 à 71, 78-79
Mayumi Jezewski pour les pages 10 à 39
Catherine Rivoire pour les pages 88 à 113

Illustrateurs :
Christophe Boncens pour les pages 42 à 85, 88 à 113 et les patrons pages 116 à 125
Mayumi Jezewski pour les pages 10 à 39 et les patrons pages 114-115

L'ensemble des réalisations de ce livre est extrait des livres *Premiers Origami*, *Papier et carton*, *Animaux rigolos* et *Pompons* de la collection *Les Petits Créateurs*

Fabrication : Aurélie Lacombe
Photogravure : Amalthéa
Achevé d'imprimer en août 2013, en Chine, par Toppan Leefung
ISBN : 978-2-215-14753-4
Code MDS : 591701
P13114-02
Dépôt légal : février 2013

15/27, rue Moussorgski
75895 Paris Cedex 18
www.fleuruseditions.com

Loi n°49-956 du 16 juillet 1949 sur les publications destinées à la jeunesse

Les petits créateurs s'amusent

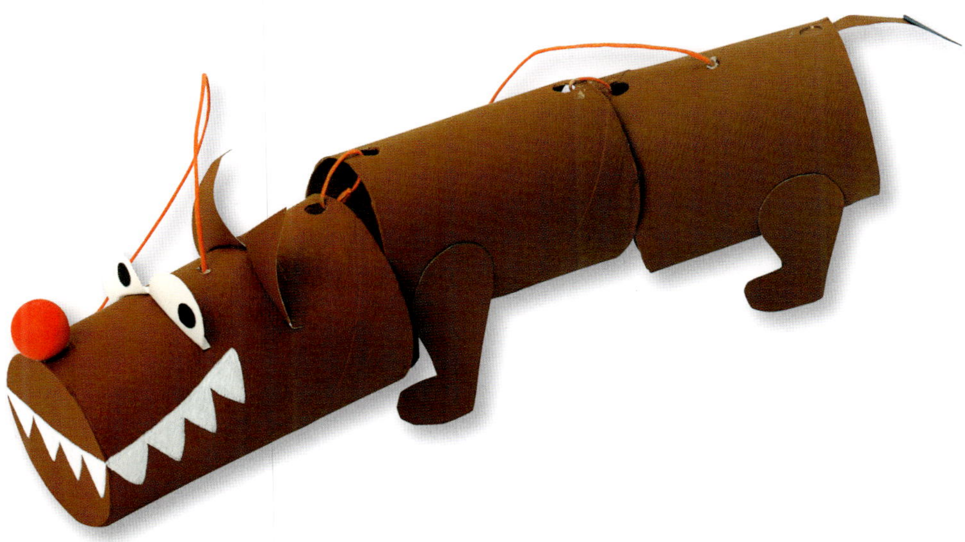

FLEURUS

Sommaire

Origami

Les secrets pour tout réussir 10
Lapins coquins 12
Comme chien et chat 14
Pingouins malins 16
Poissons mignons 18
Coccinelles demoiselles 20
Pluie de papillons 22
Sur la mare 24
Sur la route 26
Dans les airs 28
Tenue chic 30
Moulins à vent 34
Enveloppes-maisons 36
C'est dans la boîte 38

Papier et carton

Les secrets pour tout réussir 42
Animaux très rigolos 44
Papillons... volent ! 46
Oiseaux de Paradis 48
Grenouilles coassant 50
Château modulable 52
Écureuils artistes 56
Chevaux de course 58
À la pêche ! 60
Manchot-culbuto 62
Toutou tout articulé 64
Gorille tapageur 66
Boîtes-tortues 68
Chats animés 70
Boîtes cadeaux 72
Décorations de Noël 74
Perles en papier 76
Une chouette lampe 78
Marionnettes à doigts 80
Labyrinthe infernal 82
Voiture de course 84

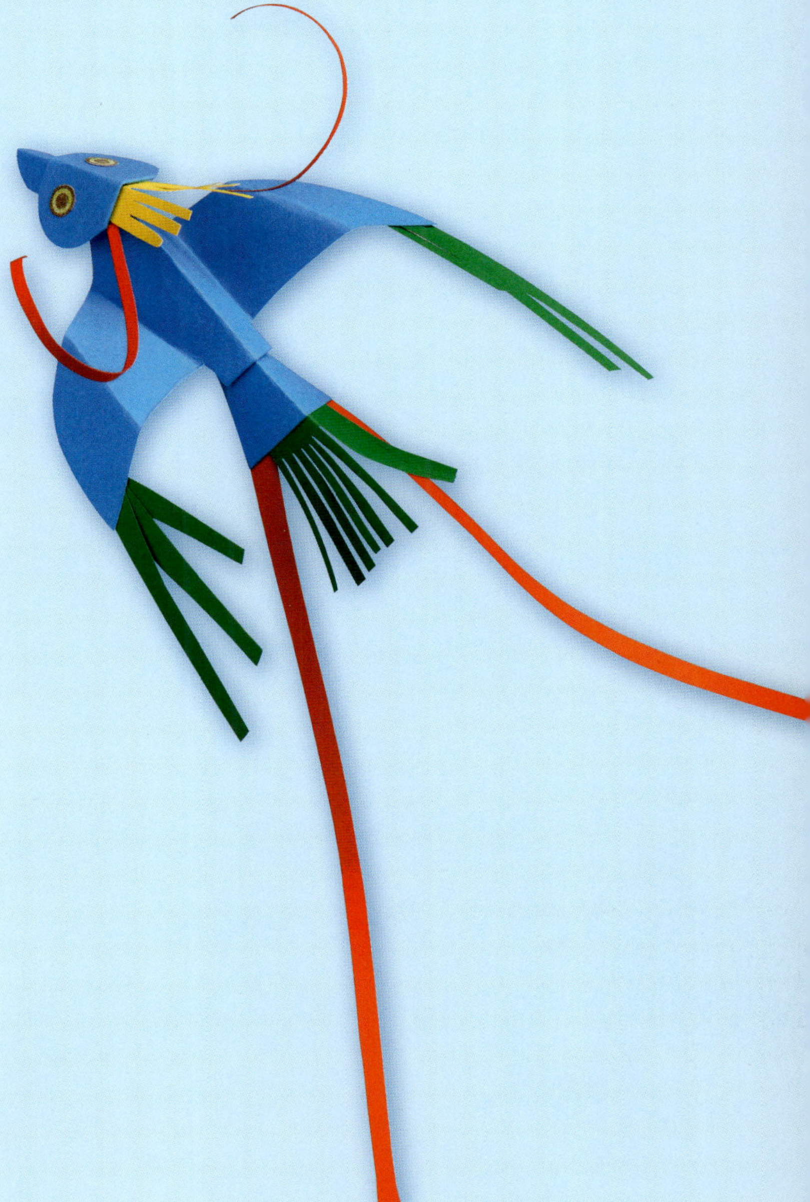

Pompons

Les secrets pour tout réussir 88
Petites bêtes 90
Monstres de douceur 92
Jolies araignées 94
Bijoux tout doux 96
Mille-pattes 98
Boules de Noël 100
Salade de fruits 102
Charmant serpent 104
Drôles d'insectes 106
Madame l'autruche 108
Marcel Pelote 110

Patrons 114

origami

Les feuilles se plient, se déplient, se replient sous
les doigts et se transforment comme par magie !
Voici un lapin malin, un poisson mignon,
une fusée à réaction ou un chapeau rigolo.
En quelques étapes, surgissent de drôles de modèles
pour jouer, rêver, décorer ou se déguiser.
Au fil des pages, découvre l'art du pliage
et tu deviendras un véritable as de l'origami !

Les secrets pour tout réussir

« Origami » vient de deux mots japonais qui signifient « plier » et « papier ». Par ce joli mot, on désigne l'art du pliage.

Le papier

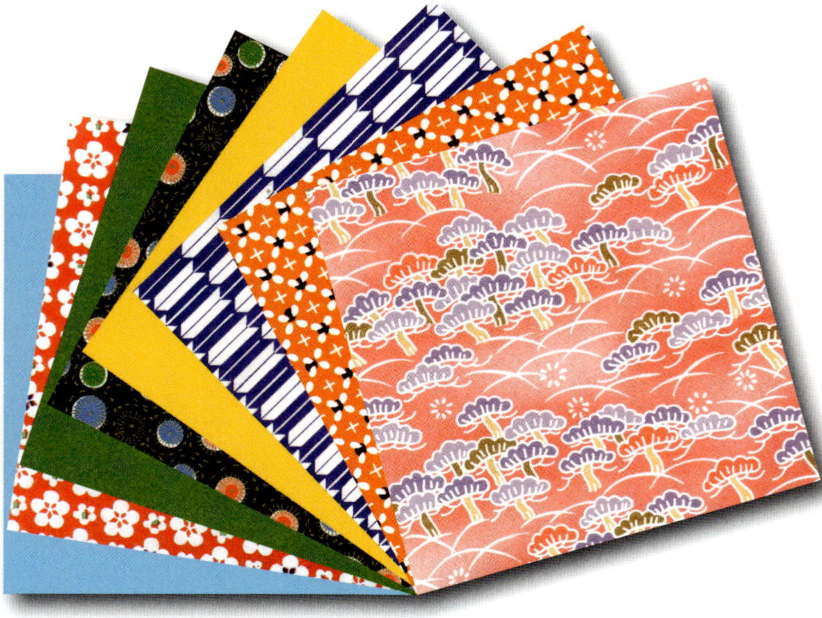

Pour t'entraîner, tu peux utiliser du papier ordinaire ou du papier kraft léger. Mais dès que tu auras progressé, il sera préférable d'utiliser du papier spécial « origami ». À la fois souple, fin et résistant, il est parfaitement adapté au pliage. Tu pourras choisir, selon tes envies et tes besoins, du papier uni ou à motifs, éventuellement imprimé double face. Tu peux aussi décorer toi-même tes réalisations, avec des feutres ou des collages. Les explications mentionnent les dimensions des feuilles utilisées pour chaque modèle, mais la taille n'est pas très importante. Évite simplement les feuilles trop petites.

Comment s'y prendre ?

Pour réussir de beaux pliages, il faut être bien assis devant une table et travailler à plat. À chaque pli, vérifie que tu as bien superposé le papier, puis écrase le pli avec l'ongle de ton pouce.

Pour donner vie à tes modèles, découpe les détails dans des chutes de papier de couleur ou dessine-les aux feutres. Tu trouveras des modèles à décalquer pages 114-115.

Le code de l'origami

L'origami, c'est facile !
Il suffit de connaître quelques symboles. Retiens-les, ils t'indiquent rapidement comment plier. À chaque étape, le dessin te montre ce que tu vas plier ; tu peux vérifier le résultat sur l'étape suivante.

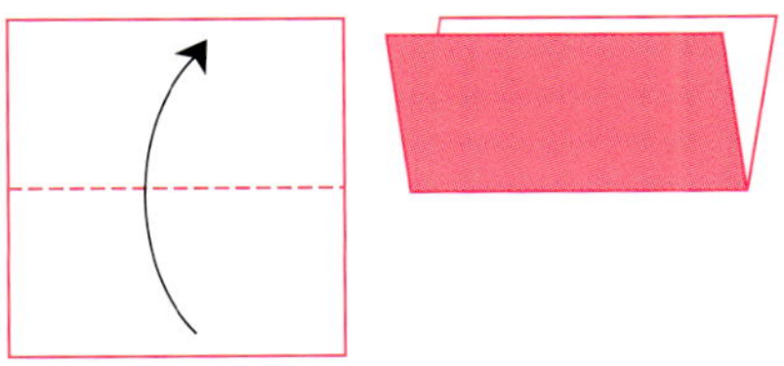

Une flèche noire et des tirets représentent **le pli vallée** : plie par-devant.

Un trait continu clair symbolise **un pli déjà marqué**.

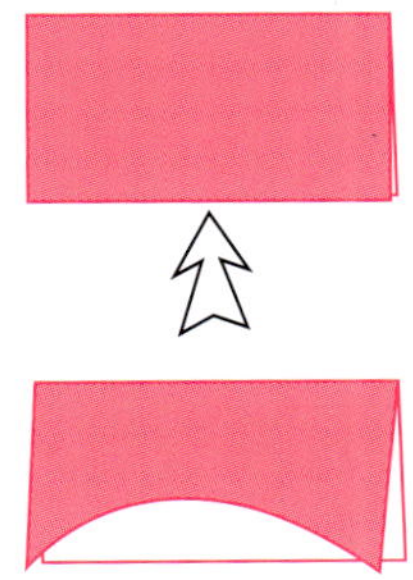

Ouvre en écartant les deux épaisseurs.

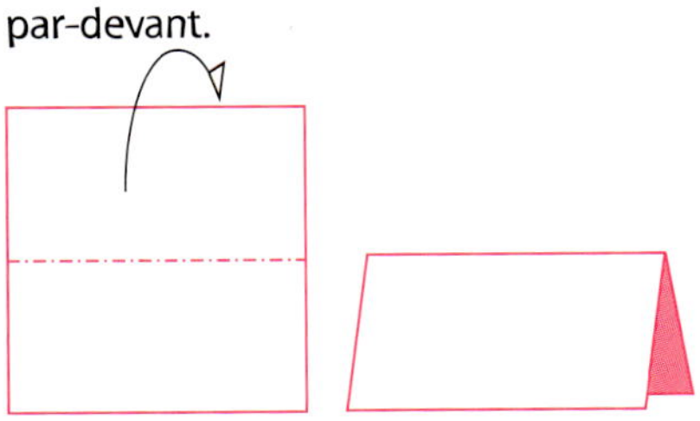

Une demi-pointe blanche et des tirets qui alternent avec des points symbolisent **le pli montagne** : plie par-derrière.

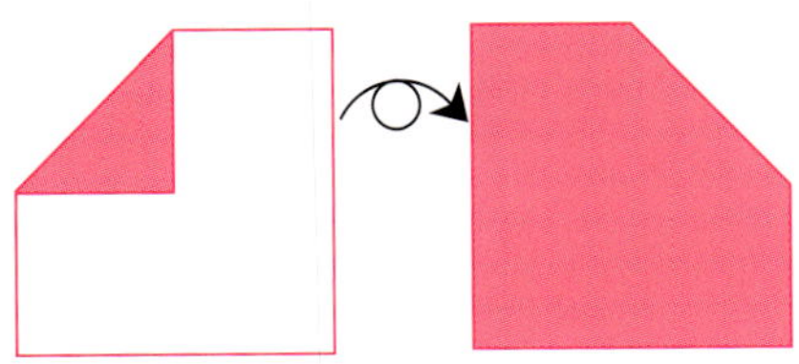

Cette flèche indique qu'il faut **retourner le pliage**.

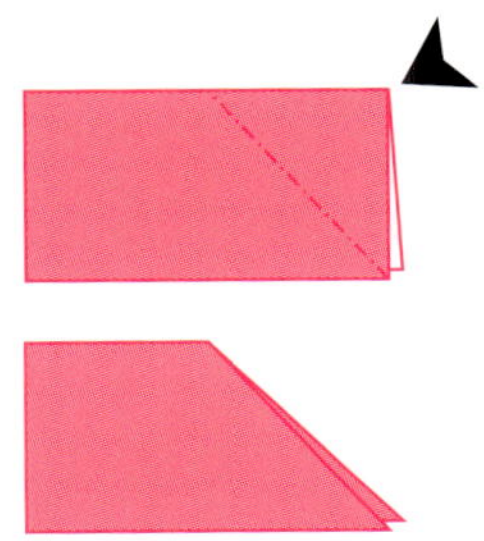

Repousse le coin entre les deux épaisseurs de papier.

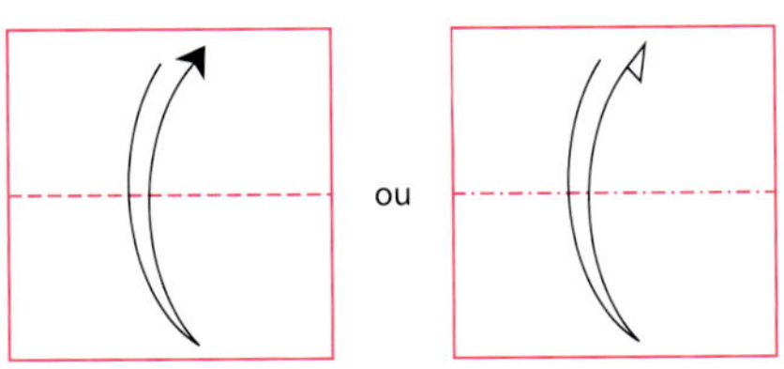

Ces flèches indiquent qu'il faut **marquer un pli** : plie puis déplie la feuille.

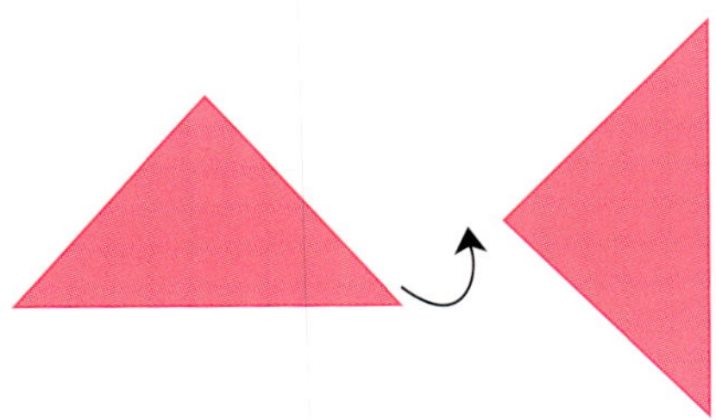

Fais pivoter ton modèle.

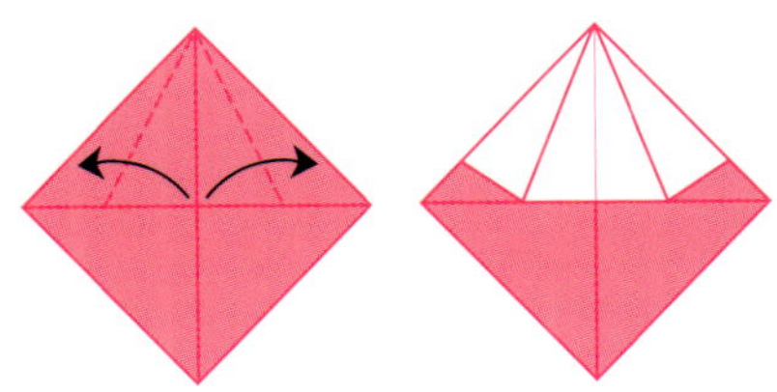

Le mot **volet** désigne une seule épaisseur du papier.

Lapins coquins

Matériel ***• feuilles : 24 x 24 cm pour le grand lapin ; 17,5 x 17,5 cm pour les petits •***
• pour les décors : chutes de papier de couleur, ciseaux, colle en bâton •

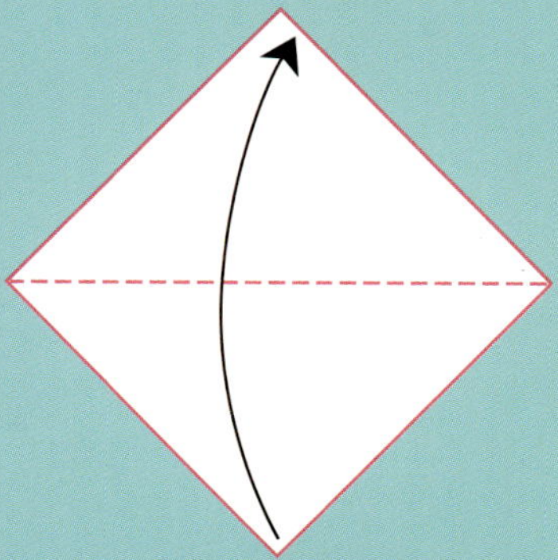

1 Plie en vallée vers le haut.

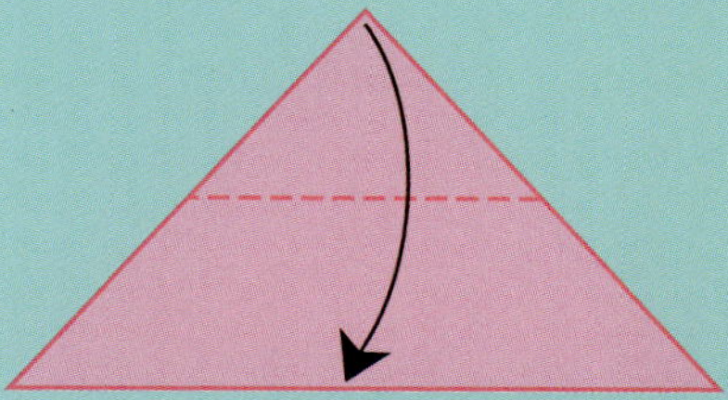

2 Rabats la pointe du haut sur le bord opposé.

3 Replie les pointes vers le haut en laissant un léger espace.

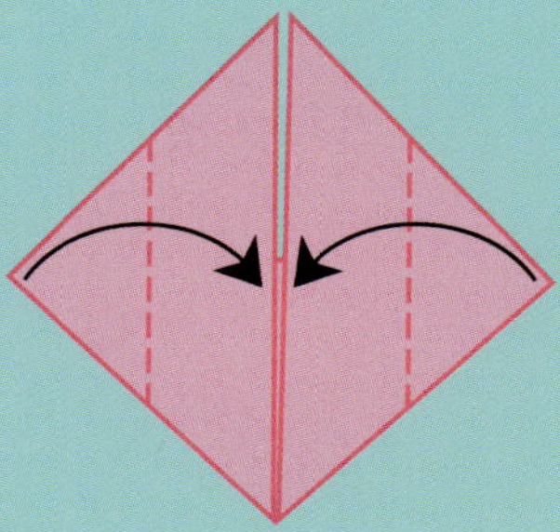

4 Replie les côtés vers le centre.

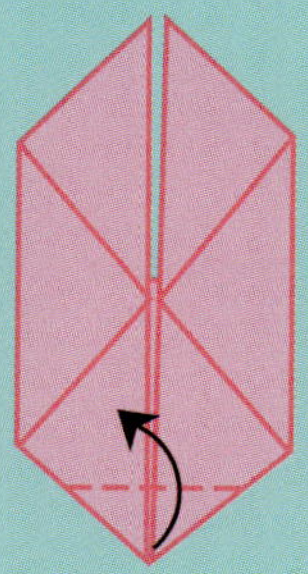

5 Relève la pointe du bas.

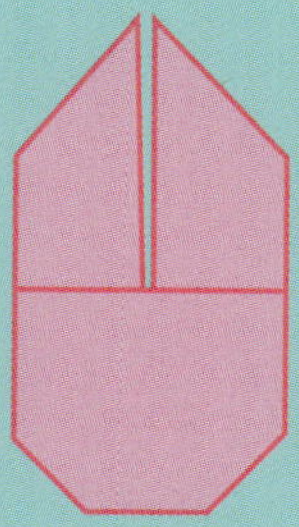

6 Retourne le pliage.

Découpe les yeux, l'intérieur des oreilles et le museau dans du papier, puis colle-les sur le modèle.

Comme chien et chat

Matériel *• feuilles : 17,5 x 17,5 cm • pour les décors : chutes de papier de couleur, ciseaux, colle en bâton •*

Chien

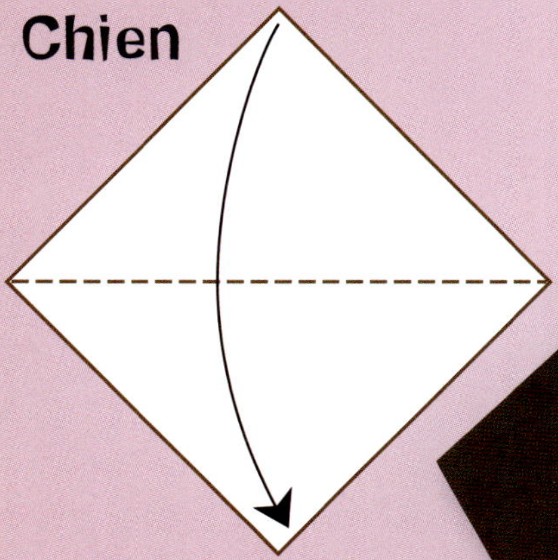

1 Plie en vallée vers le bas.

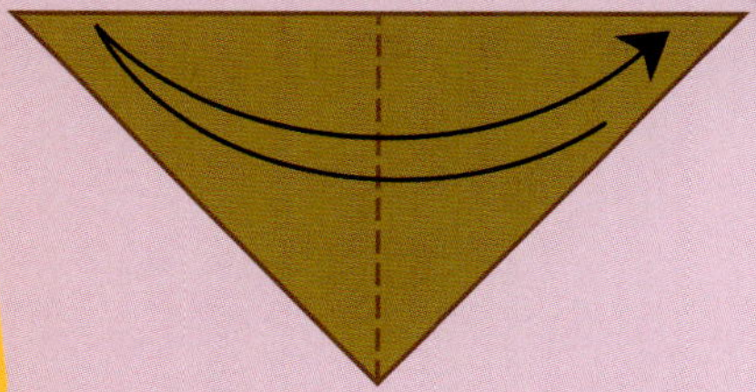

2 Marque un pli vallée.

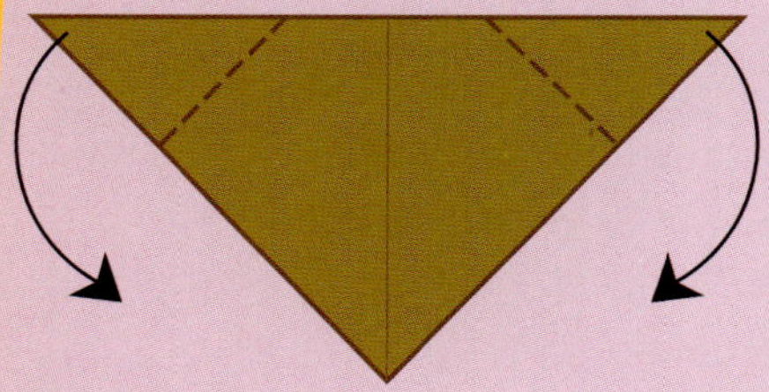

3 Rabats les deux pointes en vallée vers le bas.

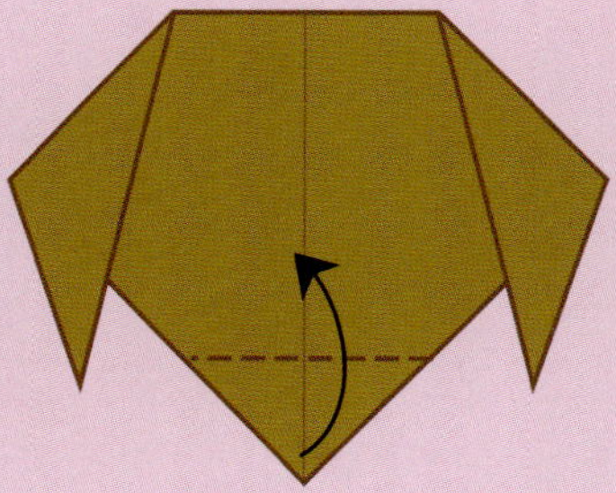

4 Relève la pointe du bas vers le haut.

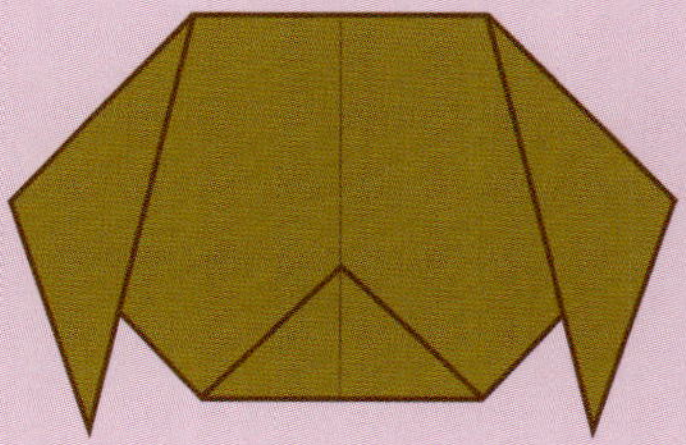

Chat

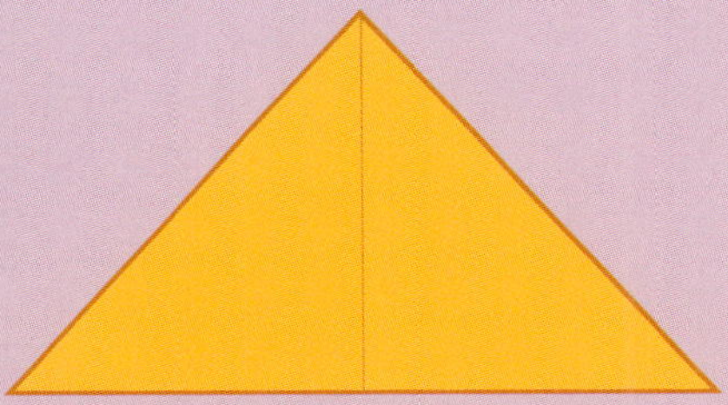

1 Reproduis les deux premières étapes du chien et retourne le pliage.

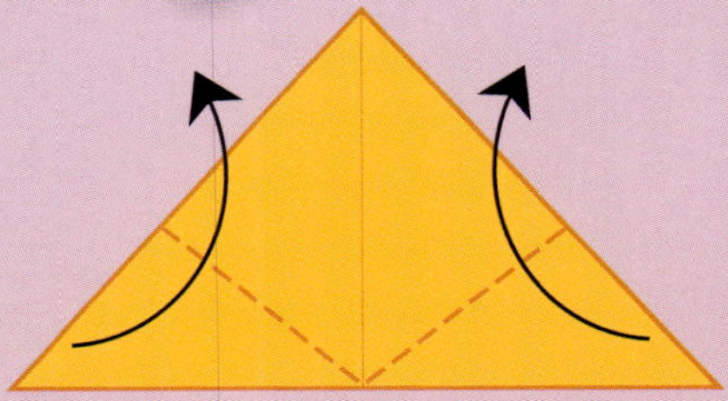

2 Rabats les pointes vers le haut.

Découpe les yeux et les autres détails dans du papier de couleur. Si tu n'en as pas, tu peux colorier des petites surfaces de papier blanc avec des feutres avant de découper.

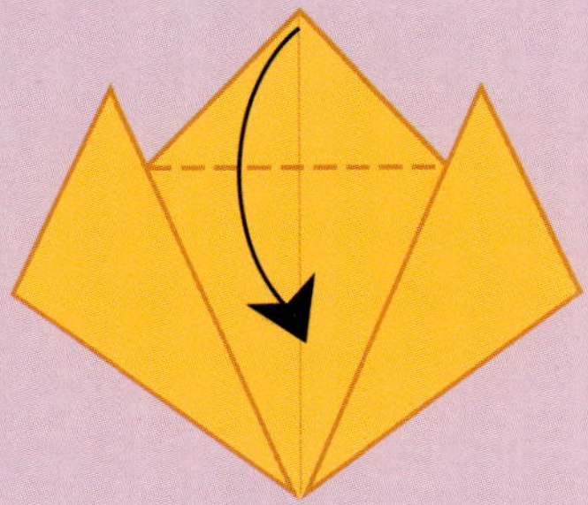

3 Replie la pointe du haut.

4 Retourne le modèle.

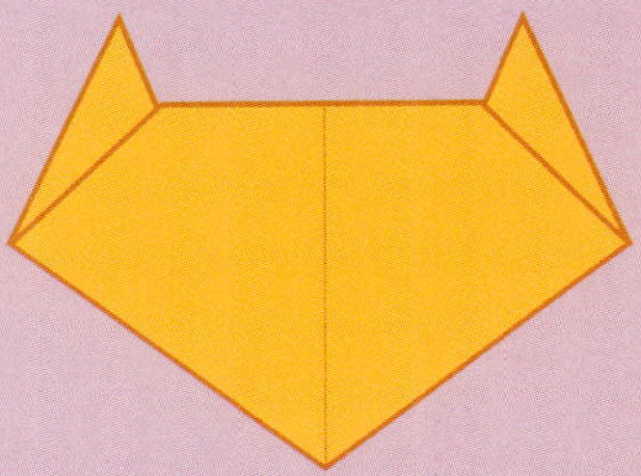

Pingouins malins

Matériel ***• feuilles : 17,5 x 17,5 cm pour le grand pingouin ; 15 x 15 cm pour le moyen ; 13 x 13 cm pour le petit • pour les yeux : chutes de papier noir et blanc, ciseaux, colle en bâton •***

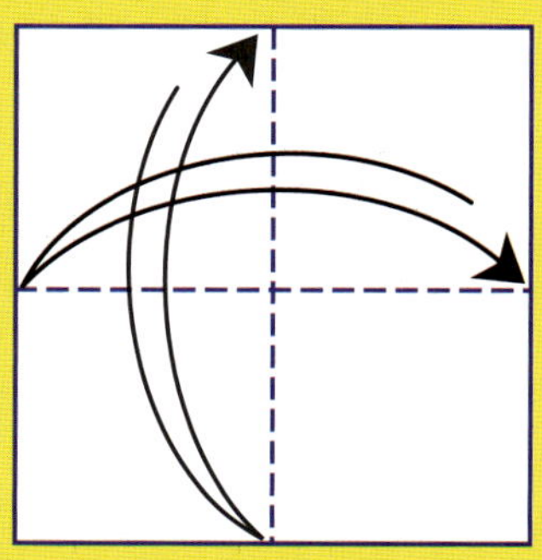

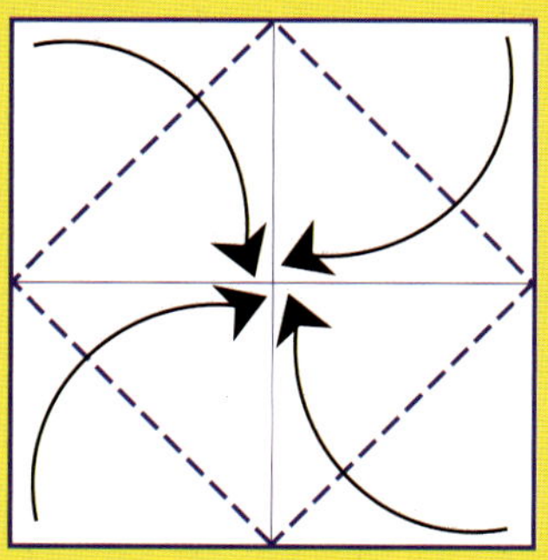

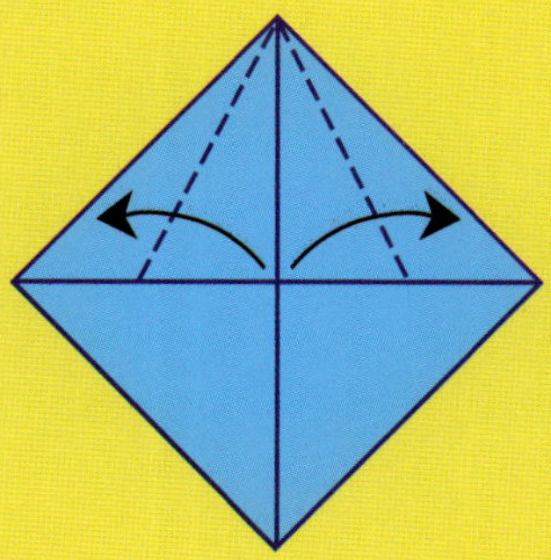

1 Marque deux plis perpendiculaires.

2 Rabats les quatre coins vers le centre.

3 Replie les volets du haut en les superposant aux bords.

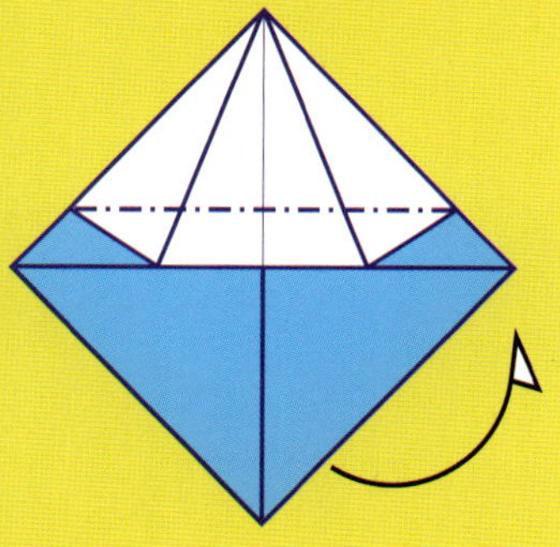

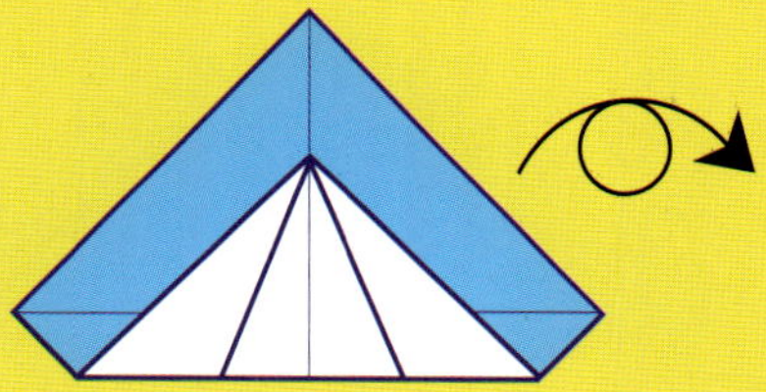

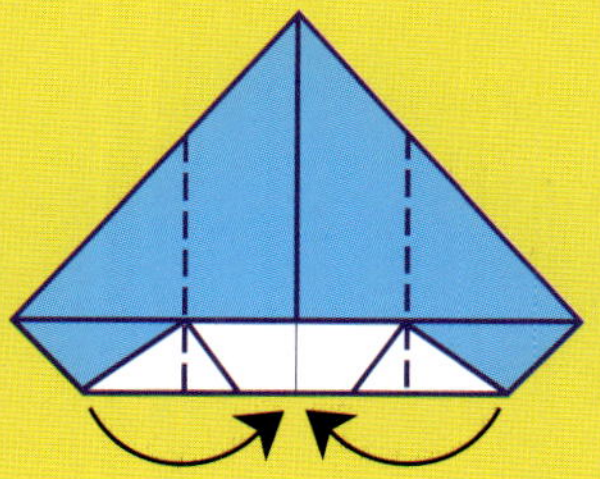

4 Fais un pli montagne en l'alignant sur les pointes des volets du haut.

5 Retourne le pliage.

6 Rabats les côtés vers l'intérieur.

Crée toute une colonie de pingouins ! Superpose des ronds de papier noir et blanc pour leur faire de grands yeux étonnés.

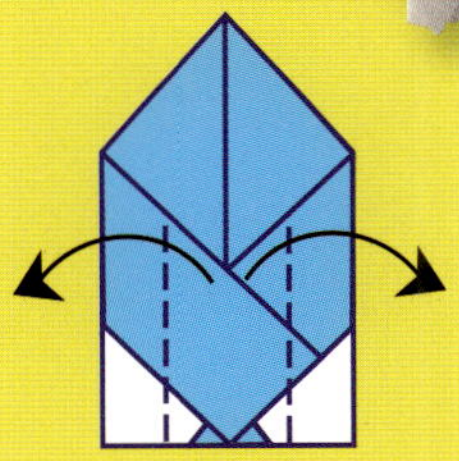

7 Forme les ailes en repliant les pointes vers l'extérieur.

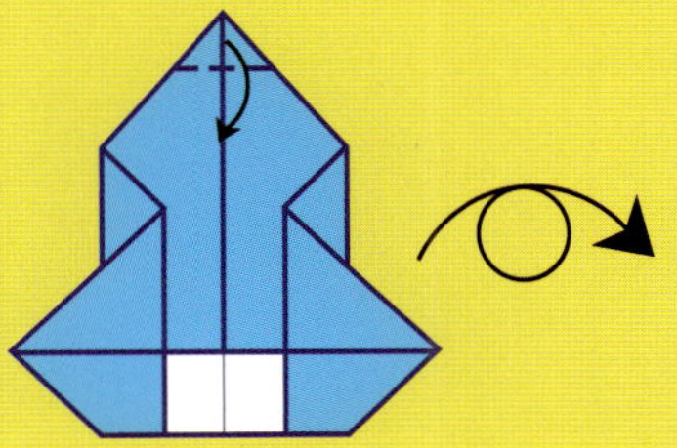

8 Plie la pointe du sommet vers le bas. Retourne le pliage.

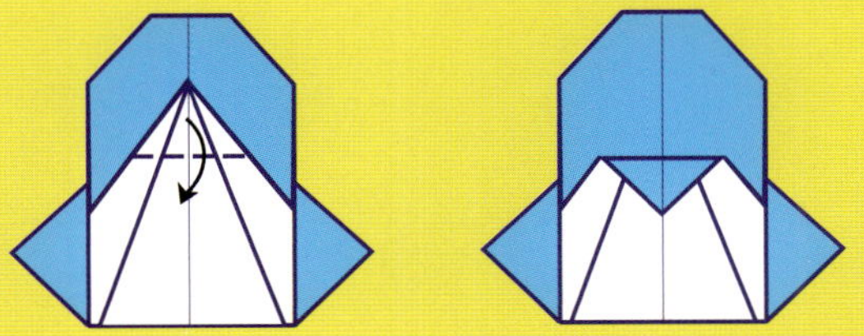

9 Replie le bec.

Poissons mignons

Matériel • ***feuilles : 15 x 15 cm pour le grand poisson ; 7,5 x 7,5 cm pour un petit •***
• pour les yeux : chutes de papier noir et blanc, ciseaux, colle en bâton •

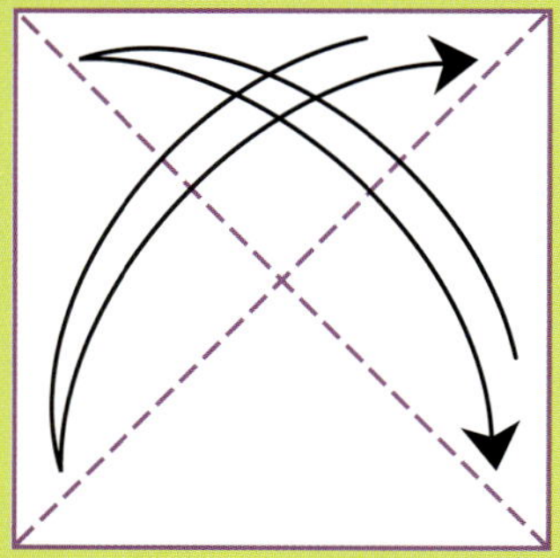

1 Marque deux plis en diagonale.

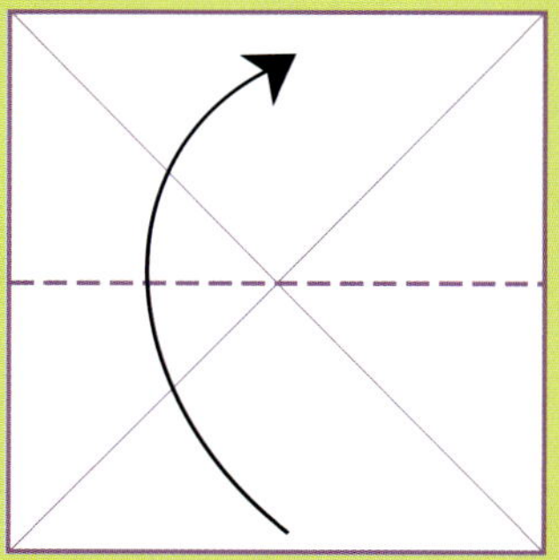

2 Plie en vallée vers le haut.

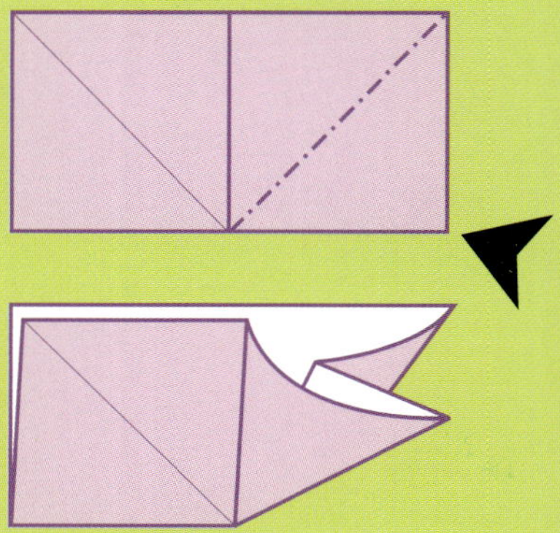

3 Pousse le coin droit à l'intérieur, vers le haut. Aplatis.

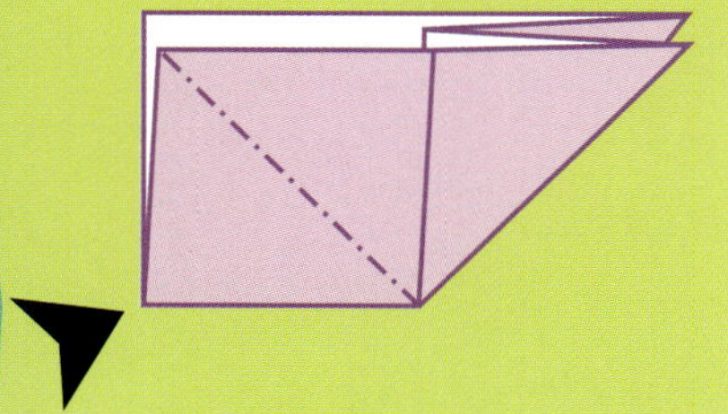

4 Pousse le coin gauche de la même manière.

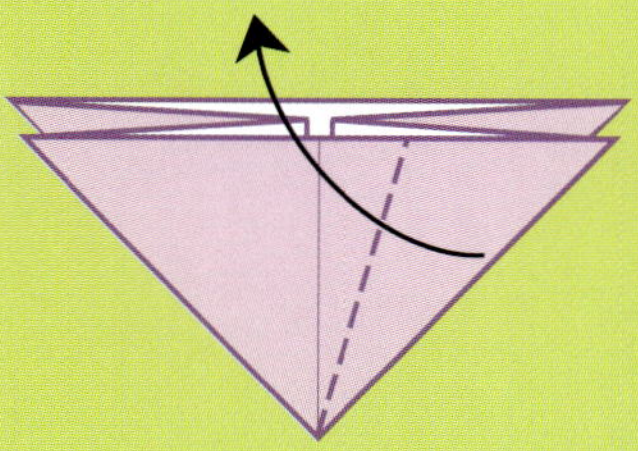

5 Rabats le volet de droite vers le haut.

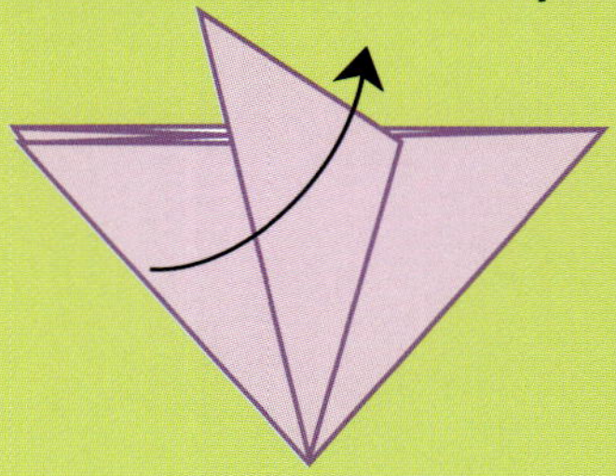

6 Fais de même à gauche : la queue est formée.

Colle des ronds de papier noir et blanc pour les yeux. Un fil de Nylon, un morceau de Scotch : tes poissons d'avril sont prêts !

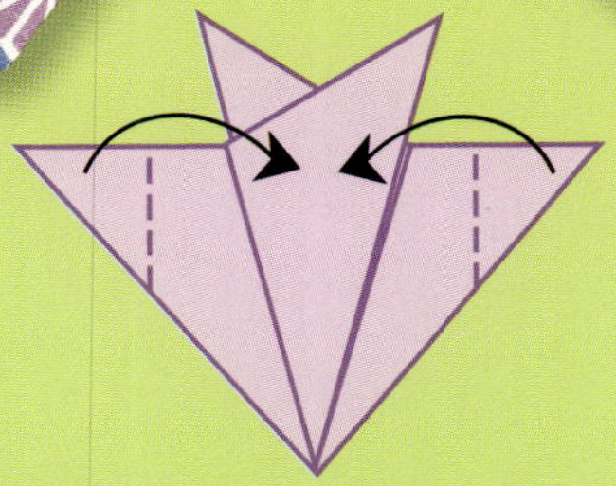

7 Rabats les pointes des côtés au centre.

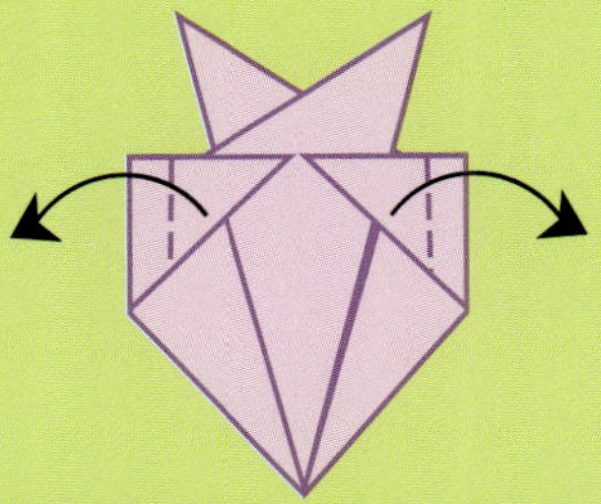

8 Replie les pointes vers l'extérieur pour faire apparaître les nageoires.

9 Retourne le modèle et fais-le pivoter.

Coccinelles demoiselles

Matériel ***• feuilles : 17,5 x 17,5 cm • pour les yeux et les taches : chutes de papier noir et blanc, ciseaux, colle en bâton •***

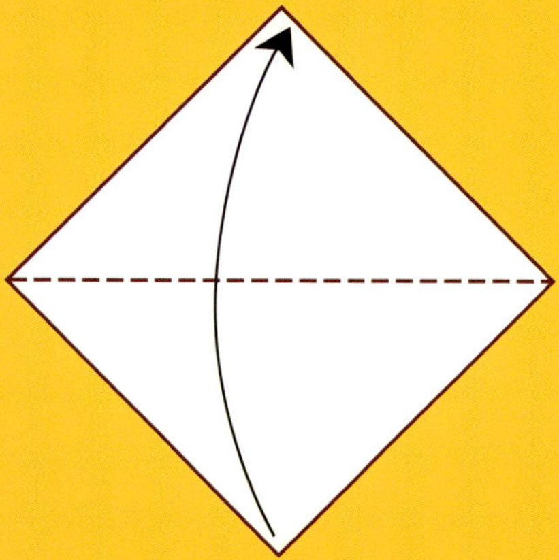

1 Fais un pli vallée.

2 Rabats les pointes des côtés sur celle du haut.

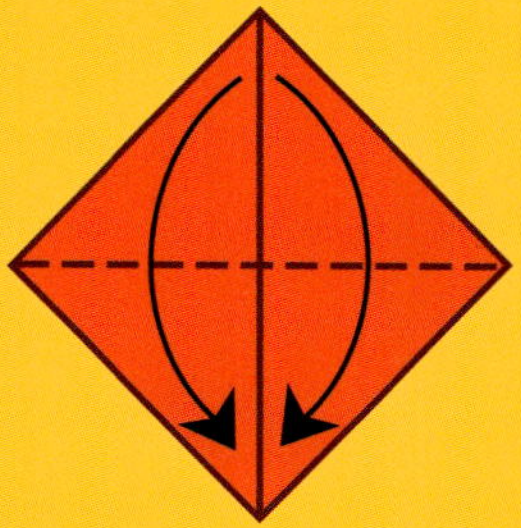

3 Replie les pointes vers le bas.

4 Replie les pointes vers l'intérieur.

5 Retourne le pliage.

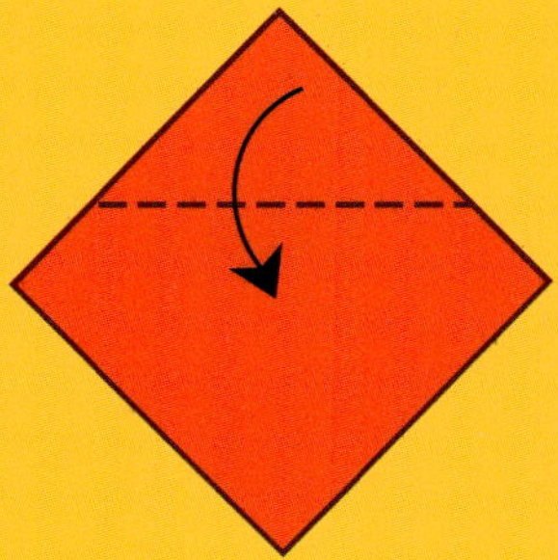

6 Plie la pointe du haut.

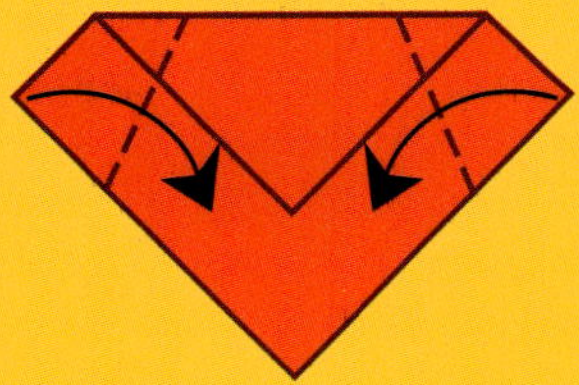

7 Rabats les côtés.

8 Retourne le pliage.

Colle des ronds de papier noir et blanc. Utilise des papiers imprimés et offre tes coccinelles en guise de porte-bonheur.

Pluie de papillons

Matériel *• feuilles : 15 x 15 cm •*

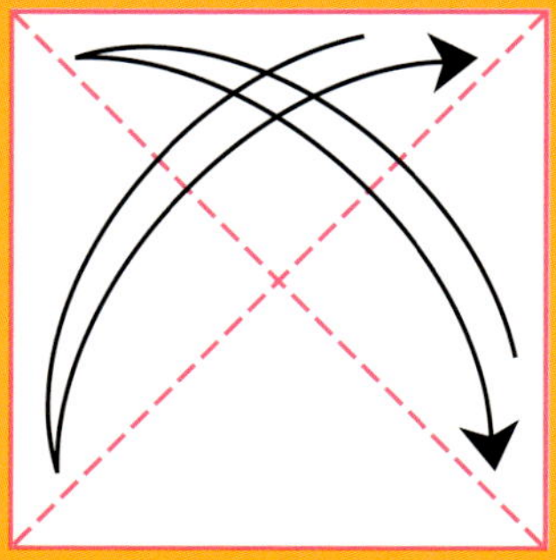

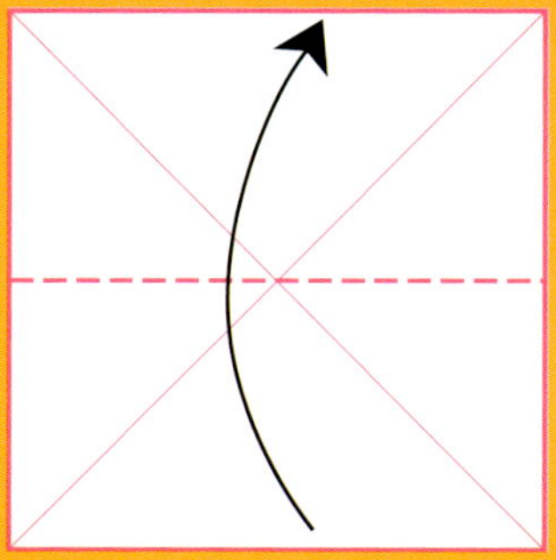

1 Marque deux plis en diagonale.

2 Plie en vallée vers le haut.

3 Pousse le coin droit à l'intérieur, vers le haut. Aplatis.

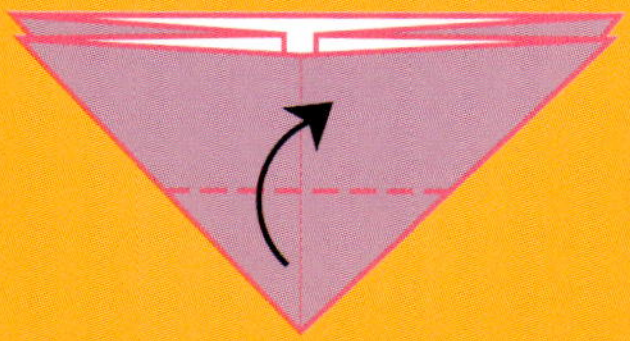

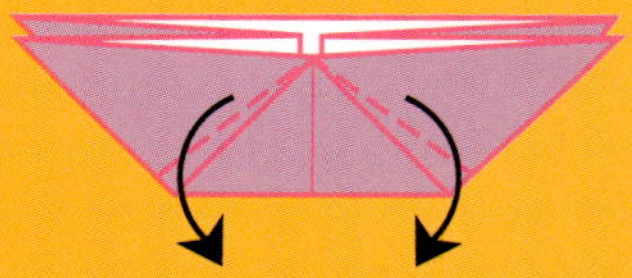

4 Pousse le coin gauche de la même manière.

5 Replie la pointe sur le bord opposé.

6 Plie les pointes des volets du dessus vers le bas.

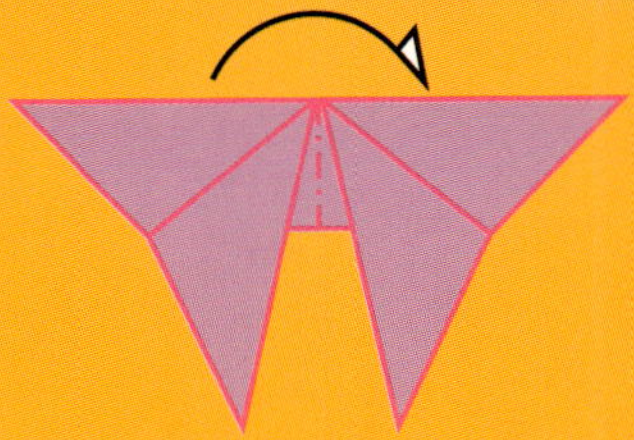

7 Plie le modèle en deux.

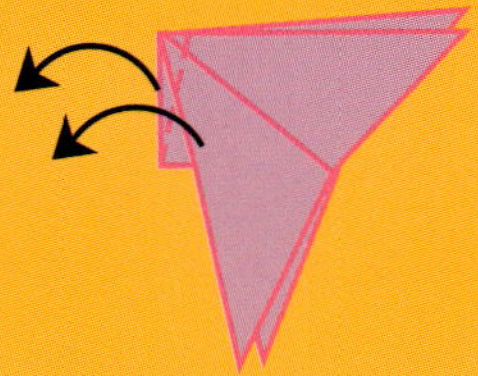

8 Pour former le corps, pince l'angle du haut. Replie une aile, puis l'autre.

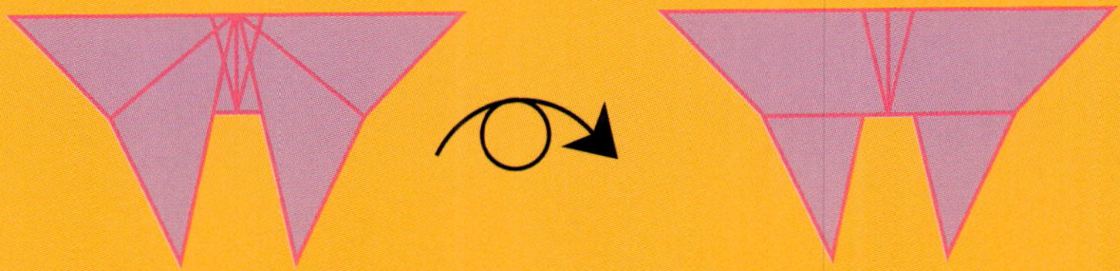

9 Ouvre le pliage, retourne-le : ton papillon est prêt à s'envoler.

Réalise plusieurs papillons dans du papier imprimé. Attache-les sur une baguette à l'aide de fil et d'une aiguille à coudre pour en faire un mobile.

Sur la mare

Matériel *• feuilles : 17,5 x 17,5 cm pour l'oiseau ; 6 x 6 cm pour les fleurs ; 9 x 9 cm pour les feuilles • pour les yeux : chutes de papier noir et blanc, ciseaux, colle en bâton •*

Oiseau

1 Plie le coin en haut à gauche.

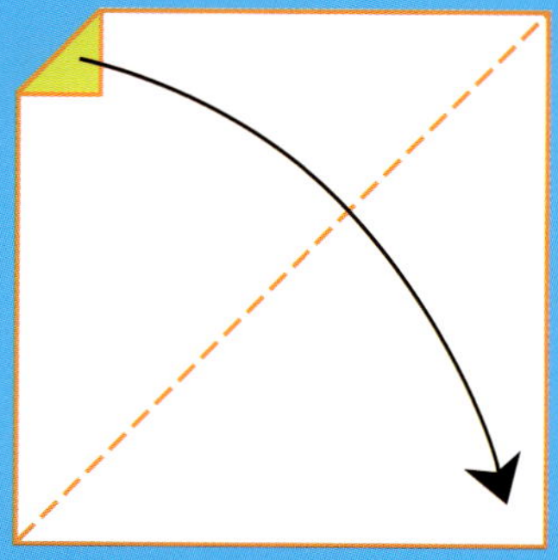

2 Plie en diagonale.

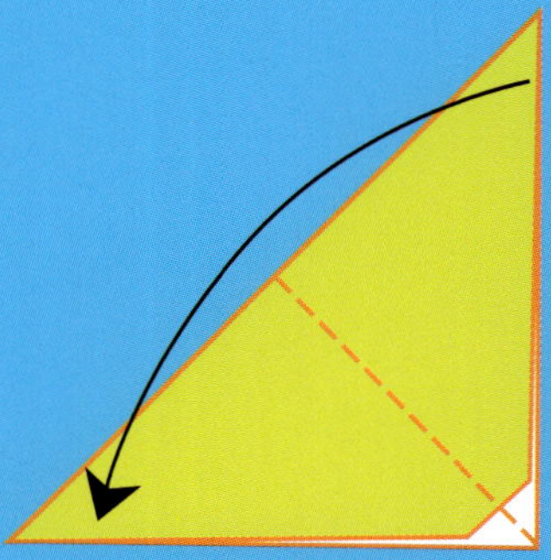

3 Plie en deux.

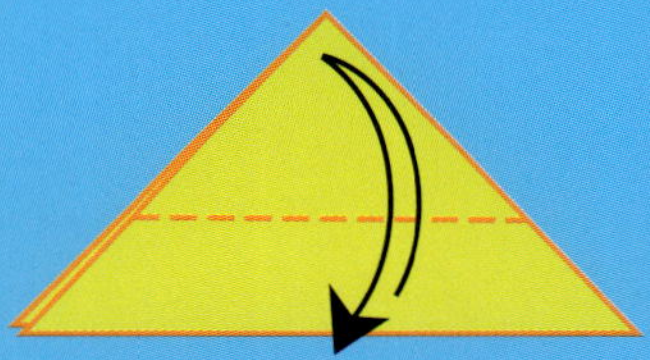

4 Marque un pli en rabattant la pointe sous le bas du triangle.

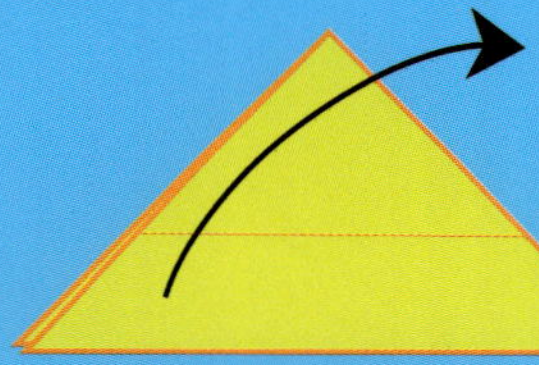

5 Déplie pour obtenir de nouveau un grand triangle.

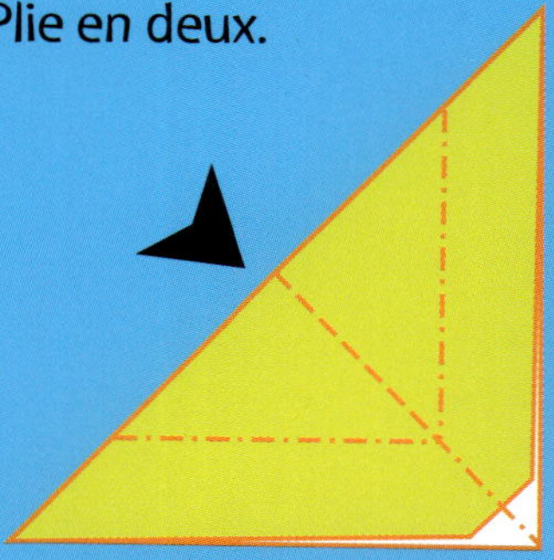

6 Repousse la partie centrale à l'intérieur. Aplatis.

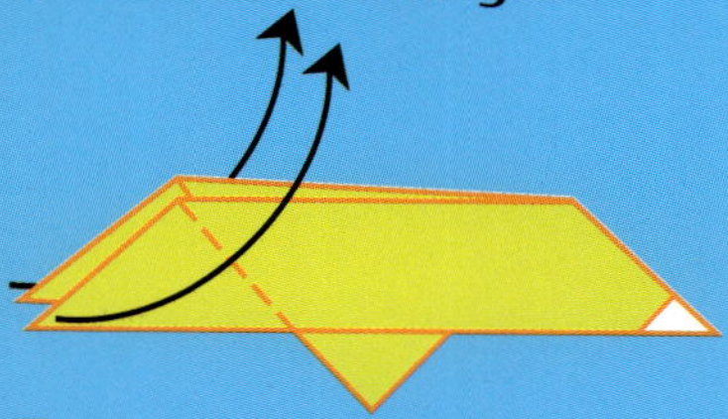

7 Replie les ailes devant et derrière en les alignant sur le triangle central.

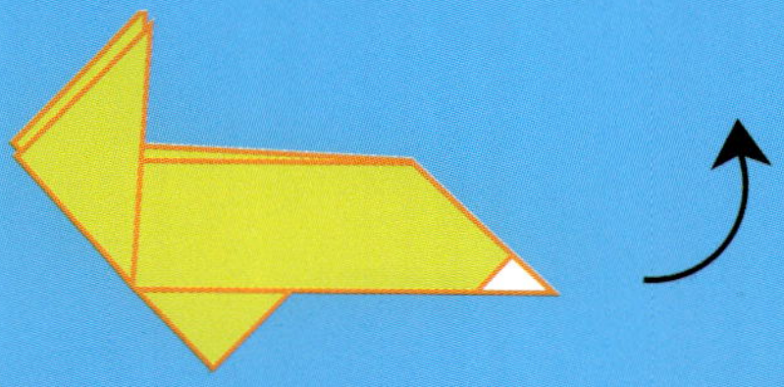

8 Fais pivoter ton oiseau vers le haut.

Colle les yeux
de ton oiseau.
Glisse les fleurs
dans les feuilles.
Voilà un joli décor.

Nénuphar

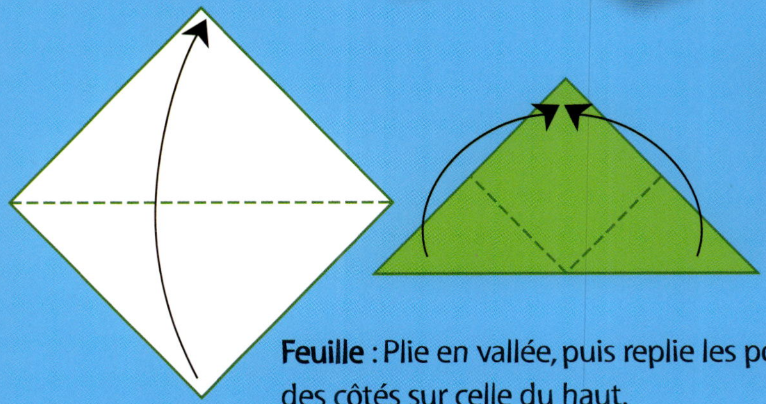

Feuille : Plie en vallée, puis replie les pointes des côtés sur celle du haut.

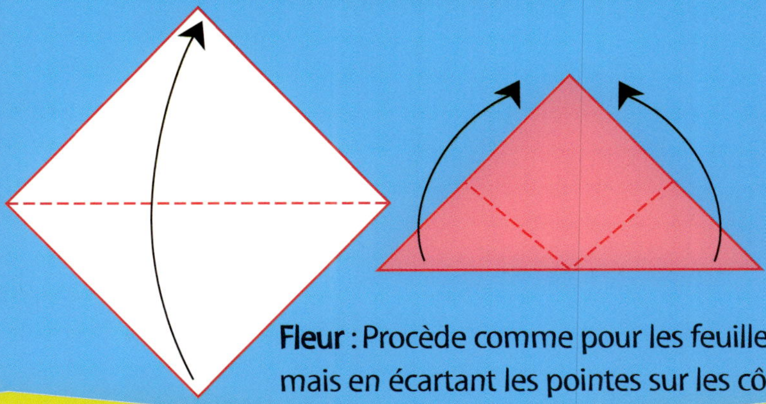

Fleur : Procède comme pour les feuilles, mais en écartant les pointes sur les côtés.

Sur la route

Matériel *• feuilles : 17,5 x 17,5 cm pour les voitures ; 24 x 24 cm pour le camion •*
• pour les détails et la signalisation : chutes de papier, ciseaux, colle en bâton, feutre noir •

Voiture

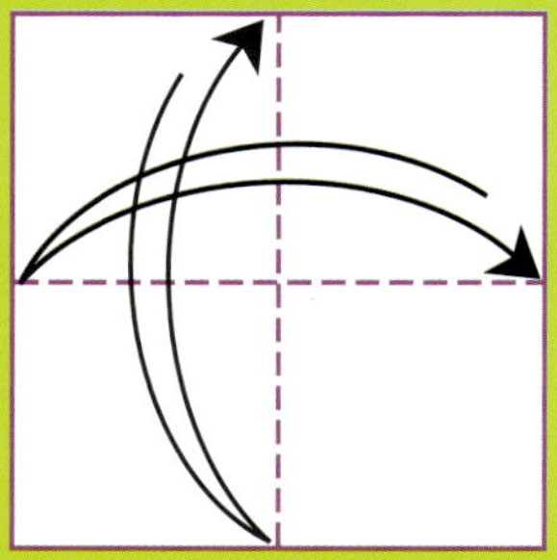

1 Marque deux plis vallée.

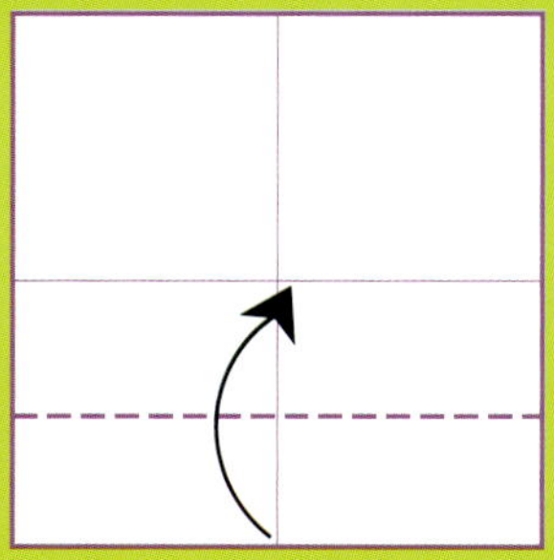

2 Replie le bas sur la pliure centrale.

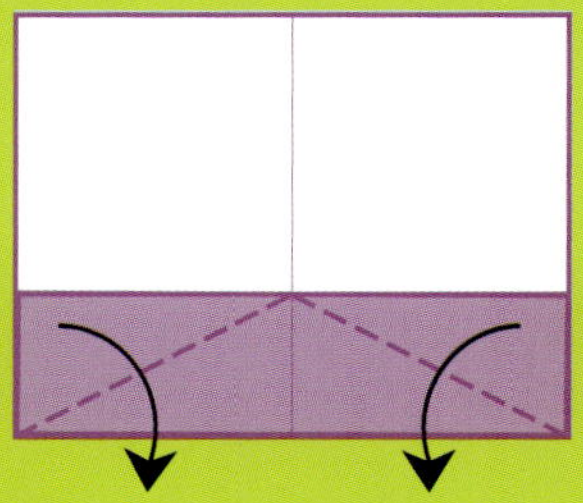

3 Rabats les coins vers le bas.

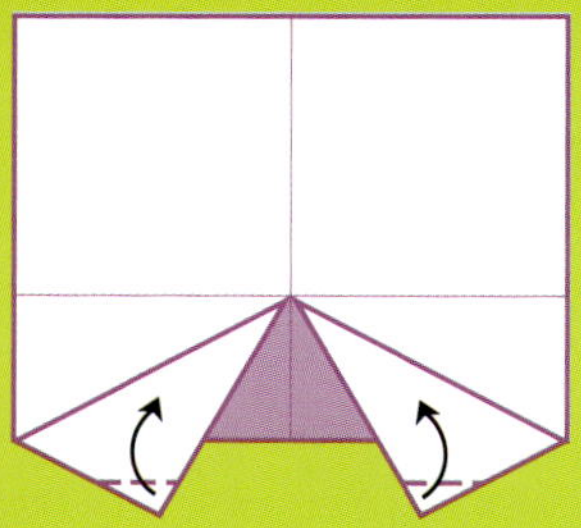

4 Replie-les vers le haut.

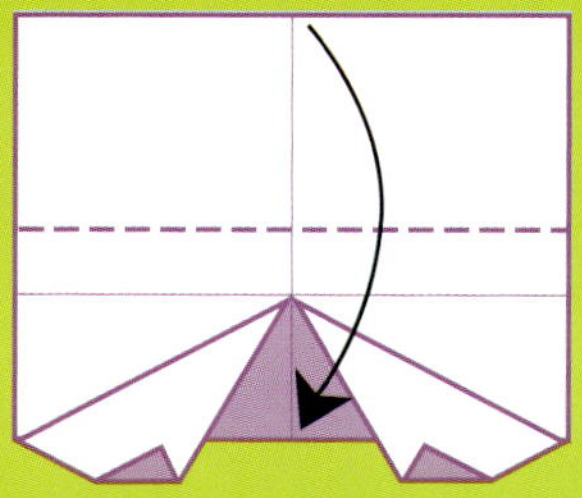

5 Rabats le haut en l'alignant sur la ligne du bas.

6 Rabats les coins : un grand pour l'avant, un petit pour le coffre.

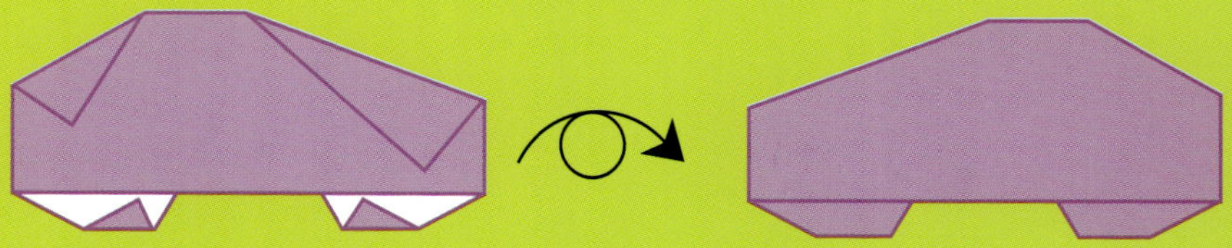

7 Retourne ta voiture.

Camion

Procède comme pour les voitures en ne retournant qu'un seul coin à l'étape 6 pour former le pare-brise.

Pour les voitures et les camions, replie les angles à ta guise pour les faire rouler dans un sens ou dans l'autre. Dessine ou découpe les vitres dans du papier blanc. Colorie les roues en noir.

Signalisation

Plie des rectangles de papier pour le poteau du panneau (3 x 15 cm) et le feu tricolore (4 x 15 cm et 3 x 15 cm).

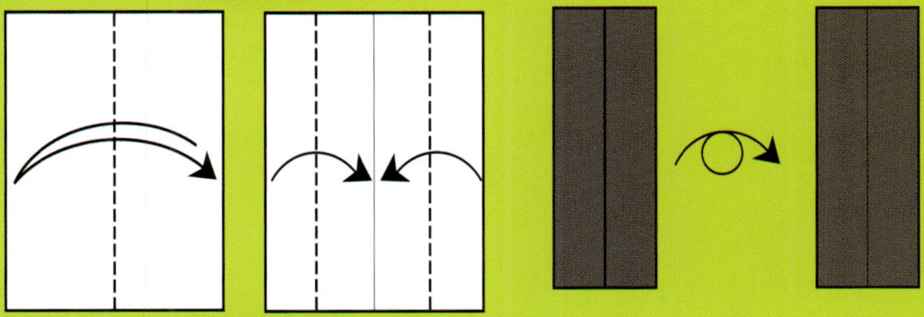

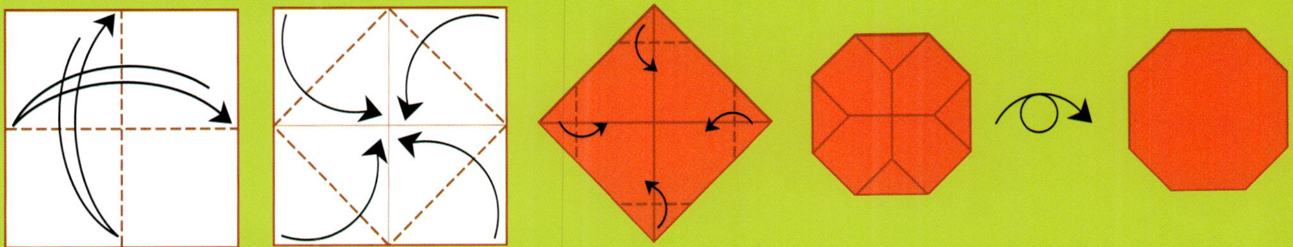

Plie un carré de papier (9 x 9 cm) pour le panneau.
Colle les éléments et ajoute les détails.

Dans les airs

Matériel ***• feuilles : 17,5 x 17,5 cm pour la fusée ; 24 x 24 cm pour les avions • pour les décors : chutes de papier, ciseaux, colle en bâton •***

Fusée

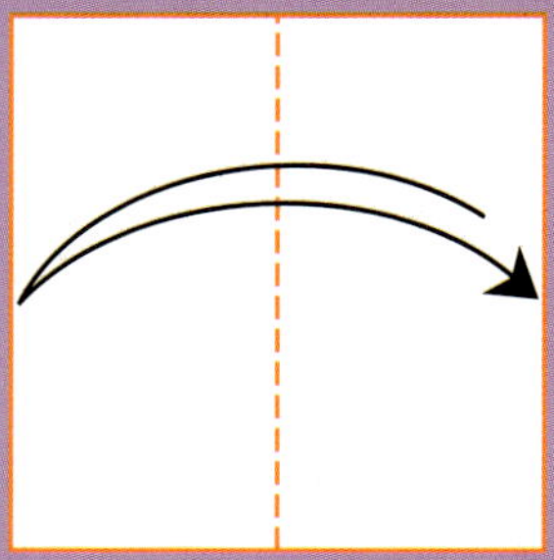

1 Marque un pli vallée au milieu.

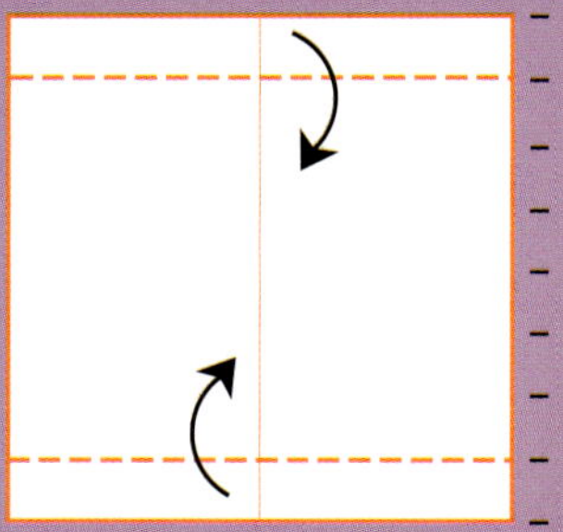

2 Plie le haut et le bas (sur environ 1/8 du côté de la feuille).

3 Retourne le pliage.

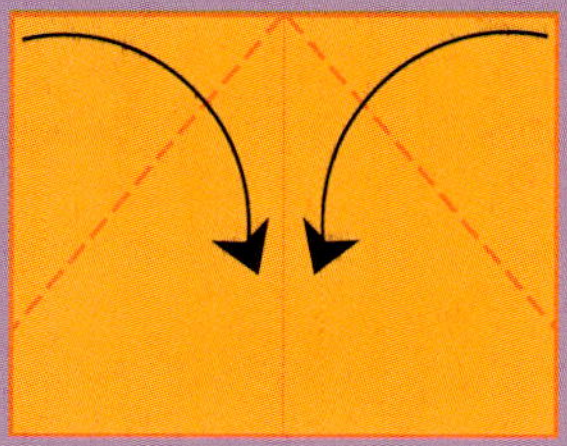

4 Rabats les coins sur la pliure centrale.

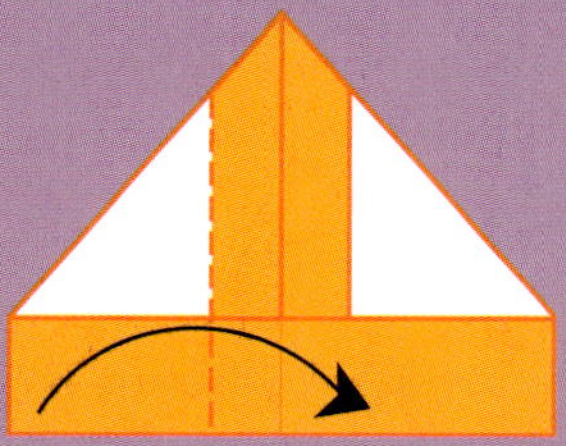

5 Plie à gauche en suivant le bord rabattu.

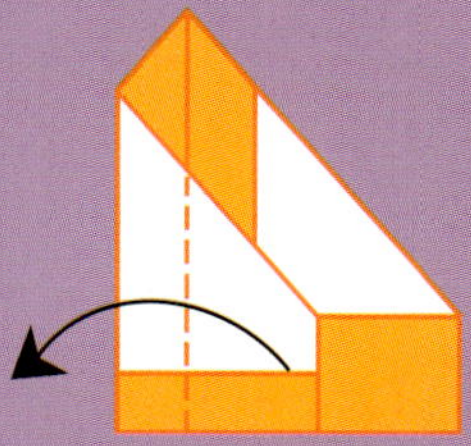

6 Replie cette partie : la pliure coïncide avec le milieu de la fusée.

7 Retourne le pliage. Décore-le.

Avions à réaction

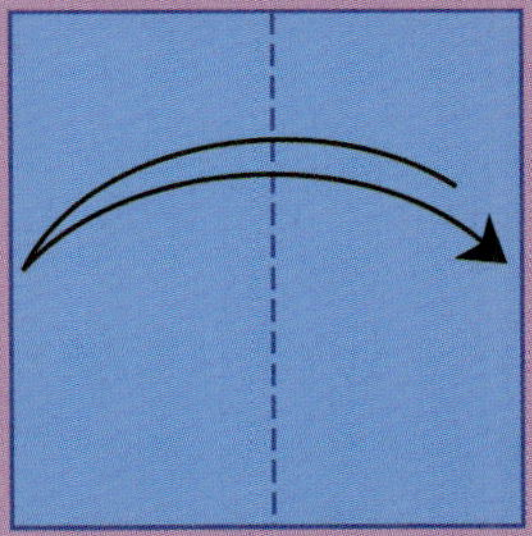

1 Marque un pli central.

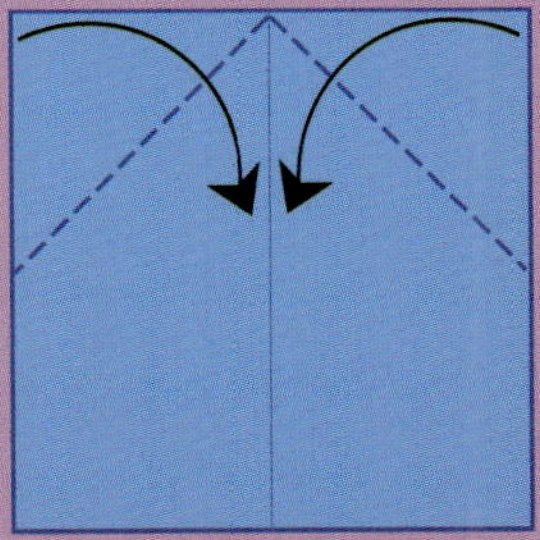

2 Replie les coins du haut sur la pliure centrale.

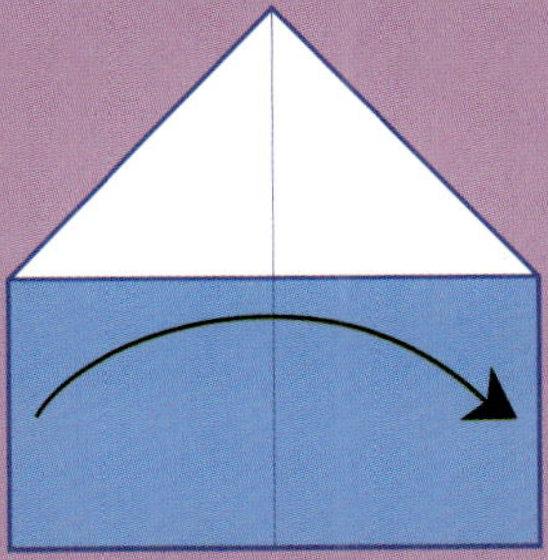

3 Plie le modèle en deux.

Organise un concours avec tes amis. Que celui qui fait voler son avion le plus loin gagne !

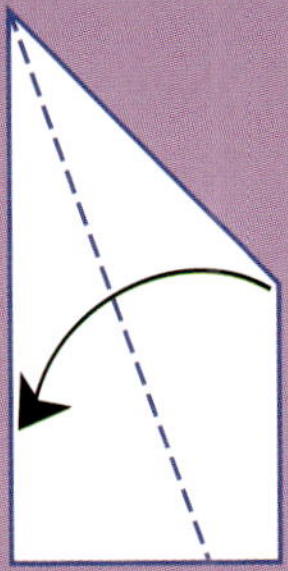

4 Rabats le dessus vers le bord gauche.

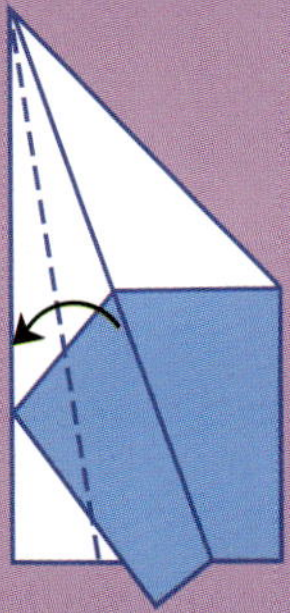

5 Rabats de nouveau vers la gauche.

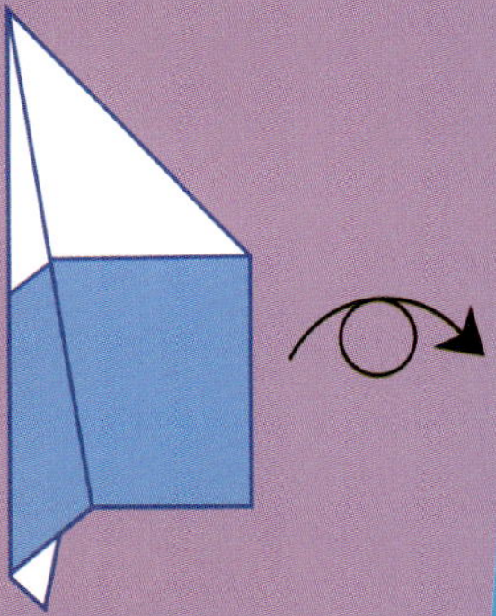

6 Retourne le pliage et répète les deux dernières étapes.

Tenue chic

Matériel ***• feuilles : 26 x 35 cm pour le chapeau ; 15 x 15 cm pour la fleur •***

Chapeau rigolo

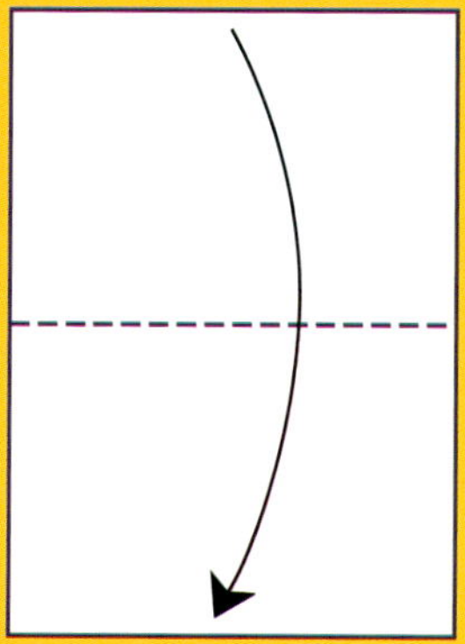

1 Plie la feuille en deux vers le bas.

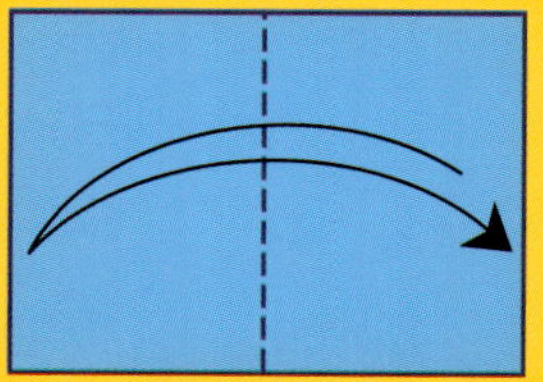

2 Marque un pli vertical au centre.

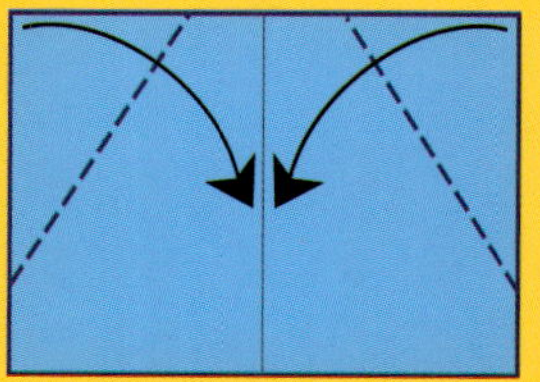

3 Rabats les coins du haut sur la ligne centrale.

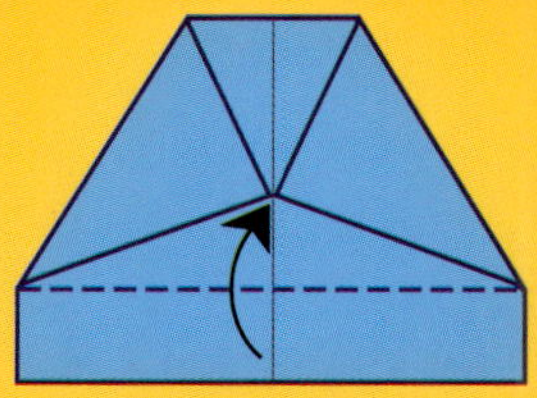

4 Plie la bande du dessus du pliage vers le haut.

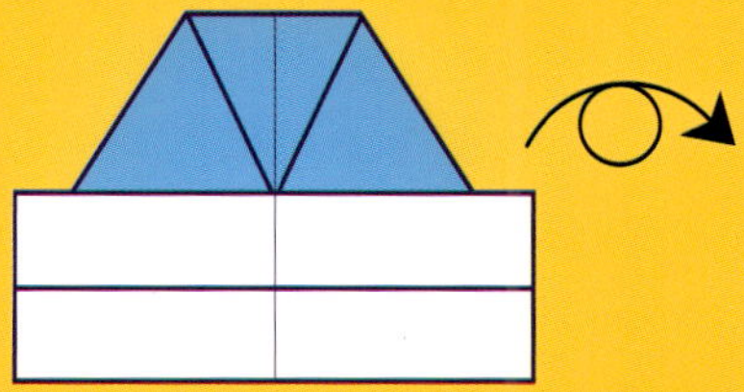

5 Retourne le pliage.

6 Plie comme à l'étape 4. Retourne le pliage.

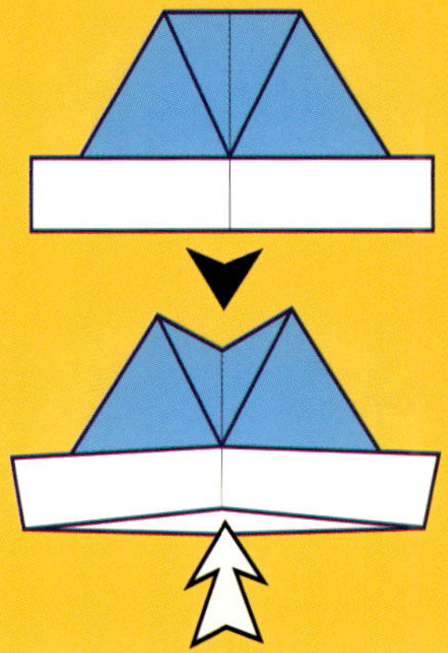

7 Pour donner du volume, ouvre le bas et appuie doucement sur le haut.

Fleur

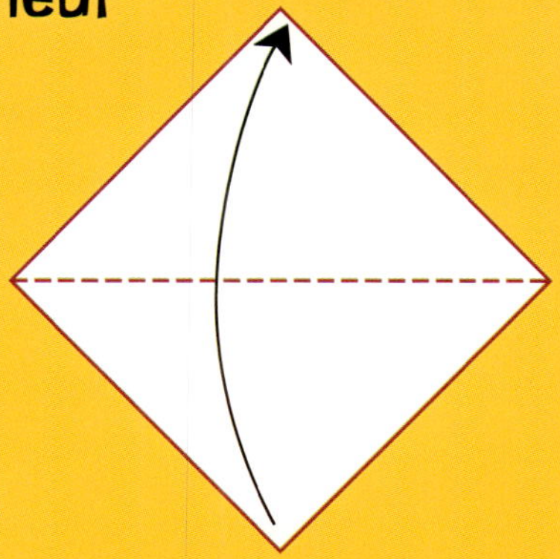

1 Plie en vallée.

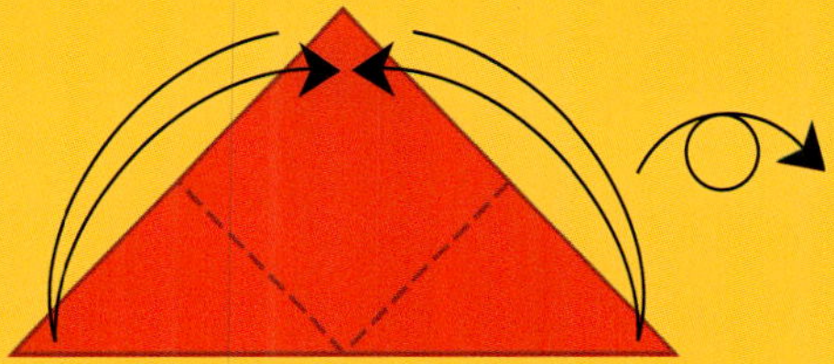

2 Marque deux plis en rabattant les deux pointes du bas sur le sommet. Retourne le pliage.

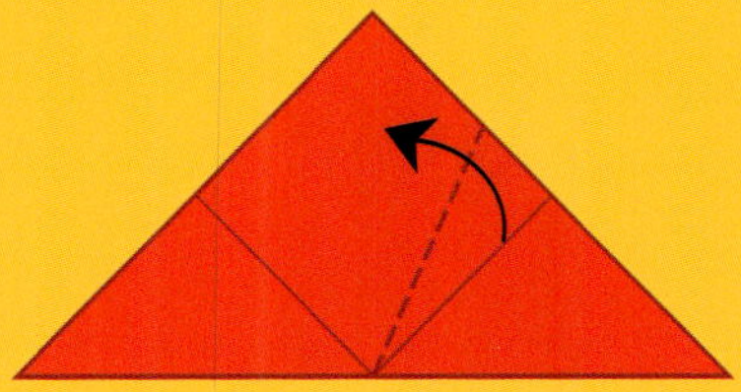

3 Rabats la pointe droite en alignant le pli marqué et le sommet.

N'hésite pas à coller des bandes de papier sur le bord du chapeau pour le personnaliser davantage. Pour réaliser une cravate assortie, tourne la page…

4 Replie la pointe vers la droite.

5 Fais la même chose de l'autre côté.

Tenue chic

Matériel ***• feuille de 17,5 x 17,5 cm pour la cravate •***
• un fil de laine •

Cravate de gala

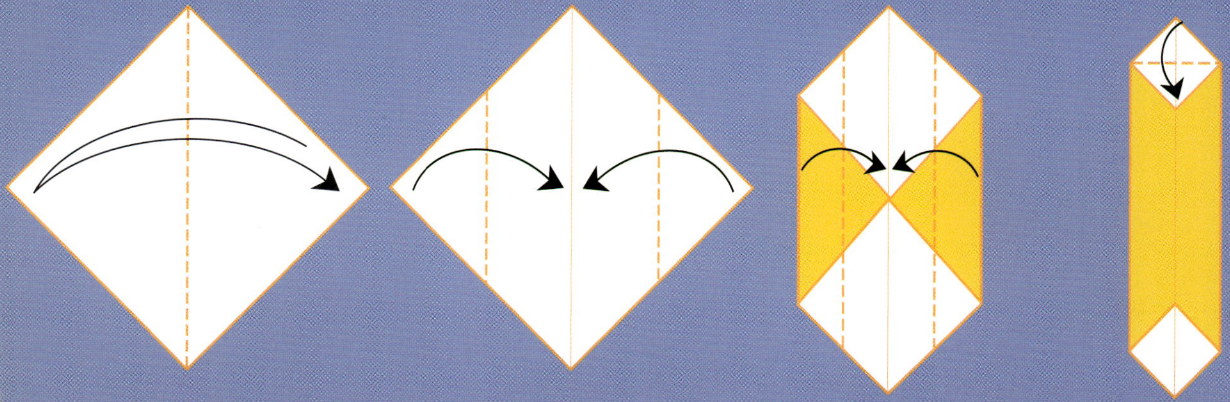

1 Marque un pli vallée.

2 Rabats les côtés sur le pli central.

3 Rabats les côtés de nouveau sur le pli central.

4 Plie la pointe du haut.

5 Retourne le pliage.

6 Plie le haut jusqu'au milieu.

7 Replie en accordéon.

8 Retourne le pliage.

Réalise ta cravate dans un papier cadeau imprimé ou métallisé. Si tu utilises un papier plus simple, colle des motifs ou décore-la avec tes feutres. Toutes les fantaisies sont permises !

9 Plie le côté vers le centre.

10 Ouvre le rabat. Tire le coin vers la gauche pour former une pointe. Aplatis.

11 Répète les étapes 9 et 10 de l'autre côté.

12 Retourne le pliage et glisse un fil pour l'attacher autour de ton cou.

Moulins à vent

Matériel • ***feuille : 24 x 24 cm • baguette • punaise*** •

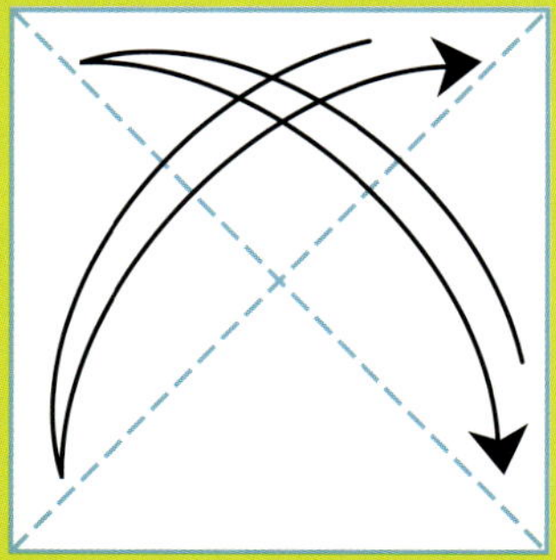

1 Marque les diagonales.

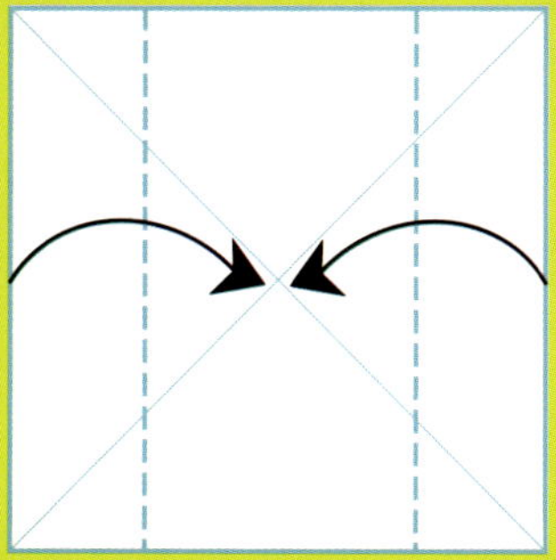

2 Replie les côtés sur le centre.

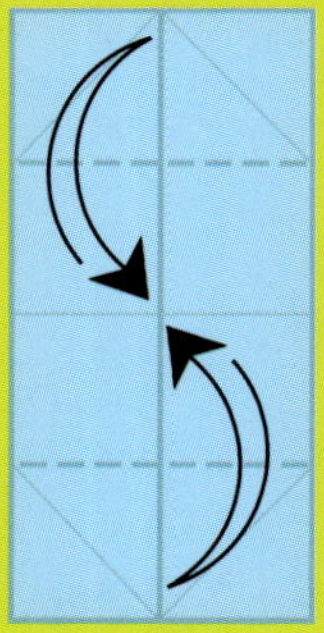

3 Rabats le haut et le bas sur le centre pour marquer un pli.

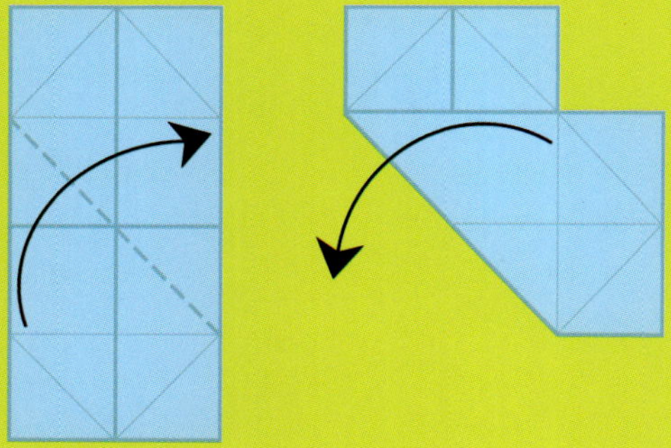

4 Rabats la partie inférieure vers la droite, sur la pliure du haut. Déplie.

5 Fais la même chose vers la gauche.

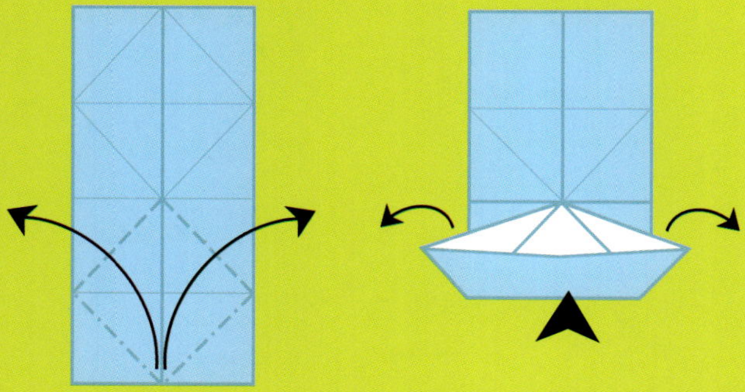

6 Ouvre les deux angles du bas et aplatis.

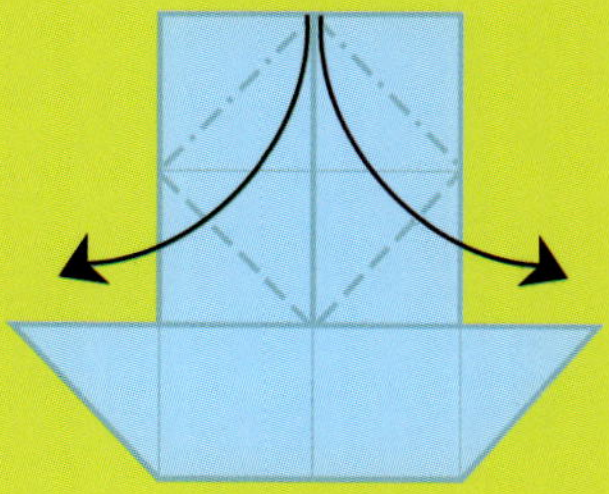

7 Répète l'étape 6 en haut.

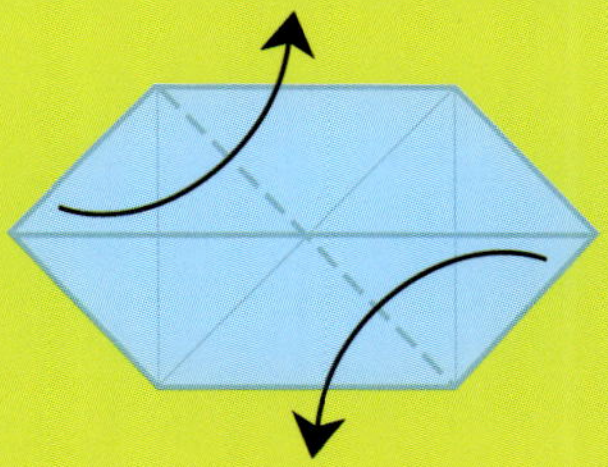

8 Replie une pointe vers le haut et la pointe opposée vers le bas.

9 Demande à un adulte de piquer le moulin sur la baguette avec la punaise.

Si le plateau de la punaise n'est pas assez large, pique un petit rond de papier avant ton moulin. Ouvre légèrement les pales, pour que le vent se prenne dedans.

Enveloppes-maisons

Matériel ***• feuille : 24 x 24 cm • carte ou papier fort • chutes de papier • • règle • ciseaux • crayon •***

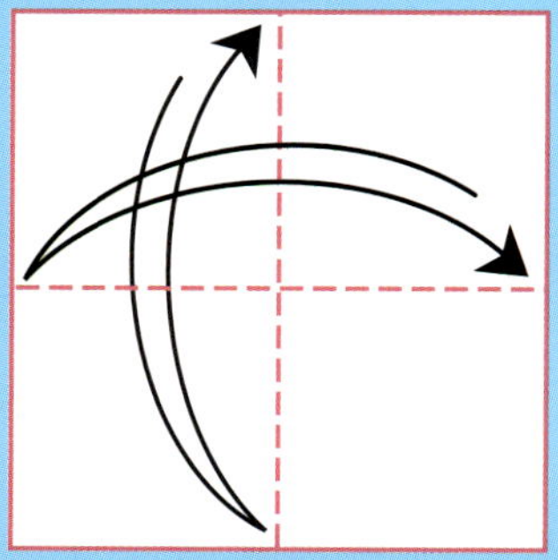

1 Marque deux plis perpendiculaires.

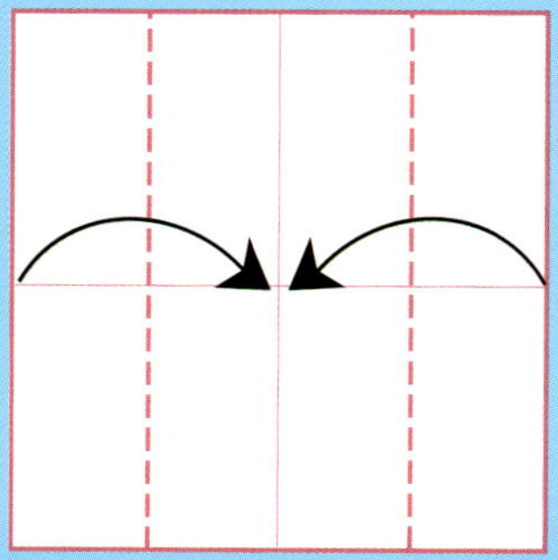

2 Rabats les côtés sur le pli vertical.

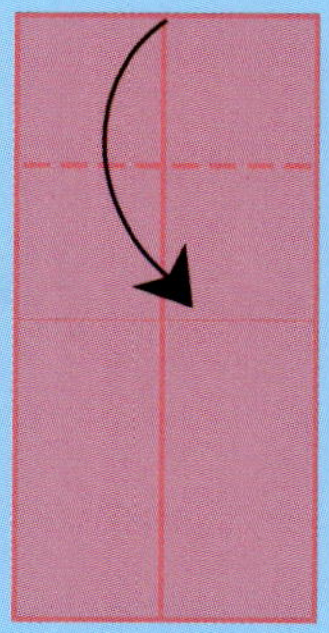

3 Plie le haut sur le milieu.

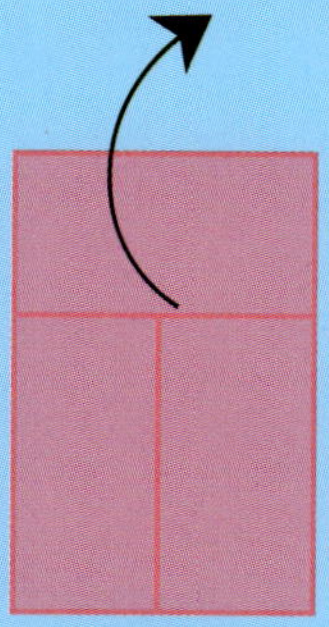

4 Déplie.

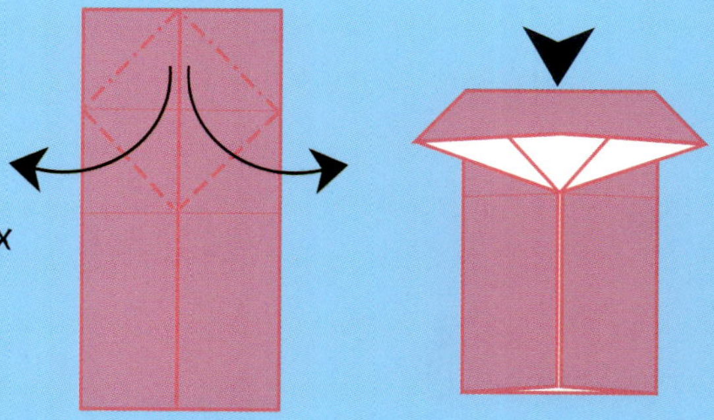

5 Ouvre les deux angles et replie vers le bas. Aplatis le toit.

6 Replie le bas et glisse-le sous le toit.

Découpe une carte carrée au format de la maison et écris un mot dessus. Rouvre l'enveloppe-maison pour glisser la carte.

C'est dans la boîte !

Matériel • *2 feuilles de 18 x 18 cm pour la plus grande boîte* •

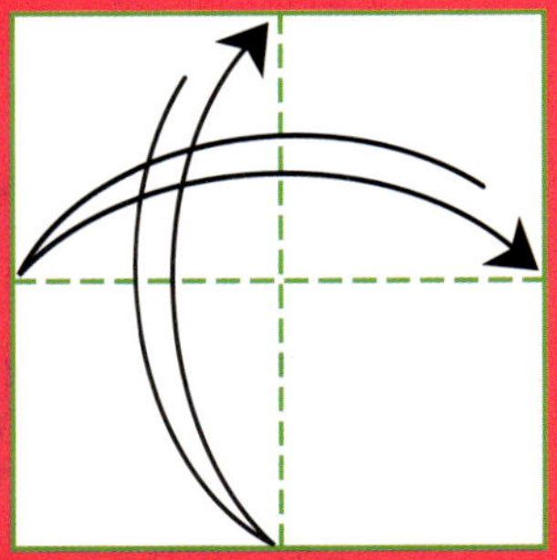

1 Marque deux plis perpendiculaires.

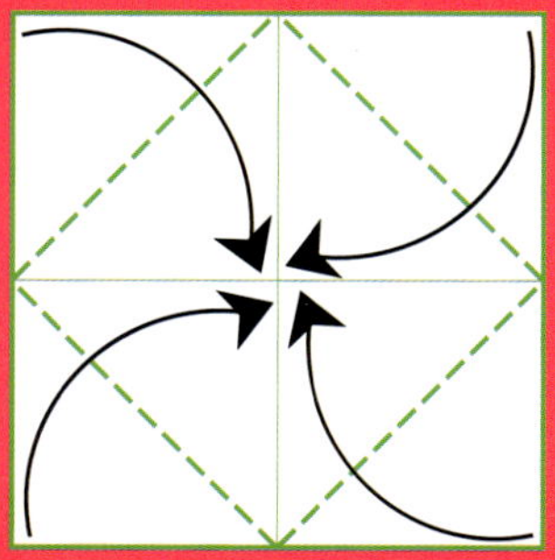

2 Rabats les quatre coins sur le centre. Fais pivoter le pliage.

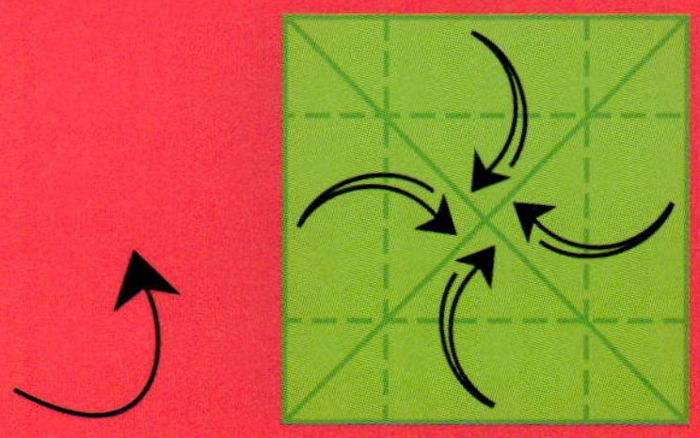

3 Marque des plis en rabattant les bords au centre.

4 Déplie les triangles du haut et du bas.

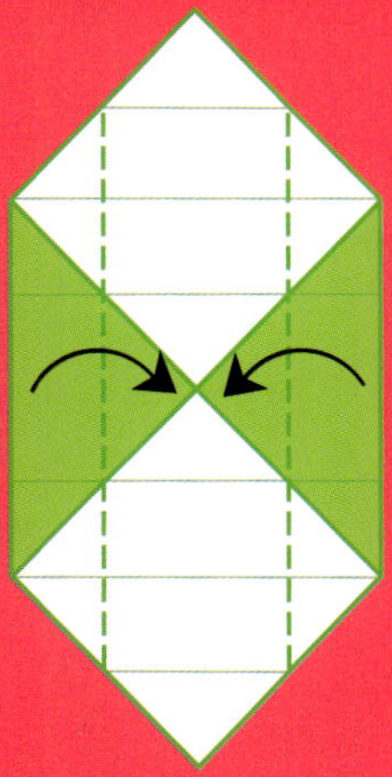

5 Replie les côtés en suivant les plis déjà réalisés.

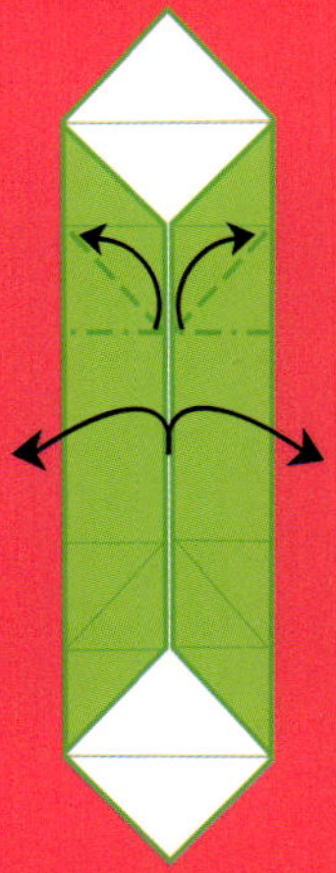

6 Relève à angle droit les côtés puis la pointe du haut. Forme la troisième paroi.

7 Forme la dernière paroi de la même manière. Rabats les pointes à l'intérieur de la boîte.

8 Réalise un second pliage identique. Emboîte les deux parties.

Pour réaliser des boîtes gigognes, réduis progressivement la taille des feuilles : 17 x 17 cm, 16 x 16 cm, de 15 x 15 cm…

Papier et carton

C'est fou ce qu'on peut faire avec des emballages de toutes sortes, des rouleaux en carton récupérés ou encore du papier coloré ! Marionnettes amusantes, animaux rigolos, petits cadeaux, jeux et jouets, jolies décorations voient le jour en trois coups de ciseaux. Quelques points de colle, une touche de peinture : c'est fini et très réussi !

Les secrets pour tout réussir

Matériel

Vive la récup ! Garde les rouleaux en carton (rouleaux de papier-toilette, d'essuie-tout, de scotch d'emballage, tubes pour poster). Conserve des cartons d'emballage et des boîtes (à chaussures, de lessive, de céréales, d'allumettes. . .) et des pots de yaourt. Procure-toi aussi du papier : papier machine ou plus épais (blanc et de couleur), papier cadeau, crépon, magazines.

Il te faudra aussi d'autres éléments très simples : bâtonnets et brochettes en bois, trombones, boules de cotillon, ficelle, perles, yeux mobiles, bouchons. . .

La colle

Utilise de la colle gel sans solvant ou de la colle blanche vinylique.

La peinture

Protège le plan de travail. Utilise de préférence de la peinture acrylique, plus couvrante que la gouache. Pour unifier le carton, tu peux commencer par une couche de blanc.
Laisse bien sécher entre chaque couleur ou chaque couche.
Nettoie tes pinceaux à l'eau tiède et au savon.

Comment reporter un patron

Tu trouveras les patrons à la fin du livre. Par transparence, reporte-les sur du papier-calque ou du papier blanc très fin.

Découpe le patron et pose-le sur le support choisi. Trace le contour à l'aide d'un crayon à papier. Découpe ensuite la forme.

Mesurer les rouleaux

Utilise une règle.
Trace des repères selon la longueur désirée.

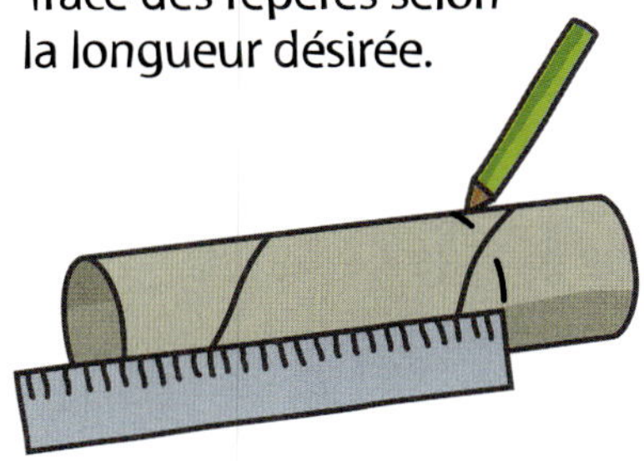

Enroule un papier à la hauteur des repères et relie-les.

Découper les rouleaux

Découpe en biais, jusqu'à la ligne, puis suis-la. Pour ne pas gâcher le carton ou pour les tubes plus rigides, demande à un adulte d'utiliser un cutter.

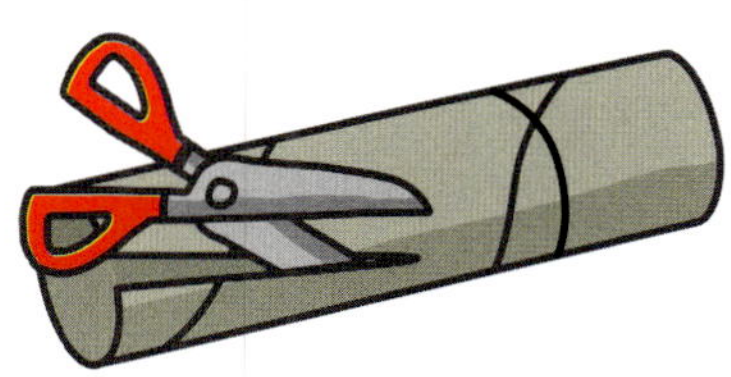

Rondelle de cartonnette ou de papier

Elles bouchent les rouleaux. Pose un rouleau sur du papier ou de la cartonnette. Trace son contour, puis découpe la rondelle.

Pliages

Pour le papier épais, marque d'abord le pli. Utilise la pointe d'une lame de ciseaux et une règle si nécessaire.

Animaux très rigolos

Matériel *• papiers de couleur : carrés de 21 cm de côté et chutes • • feutre noir • colle • ciseaux •*

Les patrons se trouvent page 116.

1

Plie une feuille pour marquer les diagonales et repérer le centre. Plie les 4 coins vers le centre du carré.

2

Retourne ce nouveau carré. Plie de nouveau les 4 coins jusqu'au centre.

3

Plie en deux le carré obtenu. Ramène les 4 angles vers le centre. Colle-les deux à deux.

4

Dans différents papiers, reporte et découpe les détails. Découpe aussi les moustaches et les dents du lapin. Dessine au feutre les pupilles et les pattes. Colle tous ces éléments.

La langue de la grenouille

Découpe une bande de papier rouge de 20 x 1 cm. Enroule-la autour du feutre pour qu'elle prenne la forme d'une spirale. Colle-la.

Glisse 4 doigts dans les creux à l'arrière et presse-les doucement pour donner l'illusion que l'animal parle.

Papillons... volent !

Matériel ***• papier épais de couleur • papier fin uni ou fantaisie (papier machine de couleur, découpé dans des magazines, cadeau, origami...) • bâtonnets plats • ciseaux • colle • règle • crayon •***

Le patron se trouve page 116.

1

Plie une feuille et reporte le patron en le plaçant bien sur la pliure. Découpe-le. Dans la hauteur d'une feuille A4, tu peux placer trois papillons.

2

Fais une petite découpe de la largeur d'un bâtonnet à l'endroit indiqué sur le patron. Plie les ailes.

3

Découpe une bande de 2 x 12 cm dans le même papier. Plie-la en deux. Fais une petite découpe comme la première. Plie chaque extrémité à 1 cm.

4

Encolle le corps du papillon et glisse le bâtonnet dans la découpe. Laisse sécher en posant un poids.

5

Glisse le bâtonnet dans la découpe de la bande. Colle les extrémités pliées sous les ailes. Colle des motifs découpés dans du papier fantaisie et ajoute deux grandes antennes à la tête.

Actionne la bande
de bas en haut le long du bâtonnet :
ton papillon vole !

Oiseaux de Paradis

Matériel ***• feuilles de papier de couleur • papier fantaisie à motifs de ronds ou feutres • ciseaux • colle • crayon • trombones • règle •***

Le patron se trouve page 117.

1

Plie une feuille et reporte le patron en le plaçant bien sur la pliure. Découpe-le. Dans la hauteur d'une feuille A4, tu peux placer deux oiseaux.

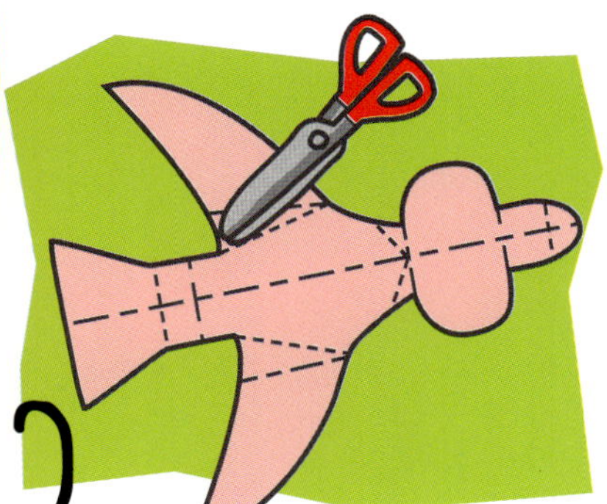

2

Marque les plis aux endroits indiqués sur le patron avec la pointe d'une paire de ciseaux.

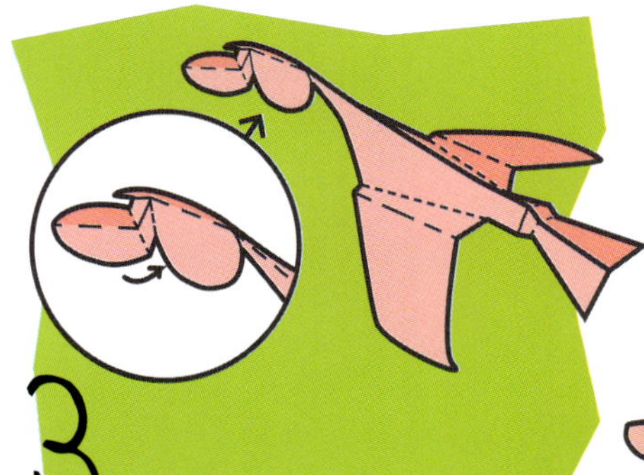

3

Plie le bec, la queue et les ailes en formant un accordéon. Courbe le cou. Aide-toi des légendes du patron pour plier dans le bon sens.

4

Découpe des bandes et des franges. Fais les boucler en les glissant sur une lame des ciseaux ou en les enroulant autour d'un crayon.

5

Colle les bandes et les franges derrière la tête, au bout des ailes et de la queue. Sous le corps, fixe un trombone légèrement déplié avec une bande de papier. Ajoute des yeux découpés dans du papier à motifs ou dessine-les.

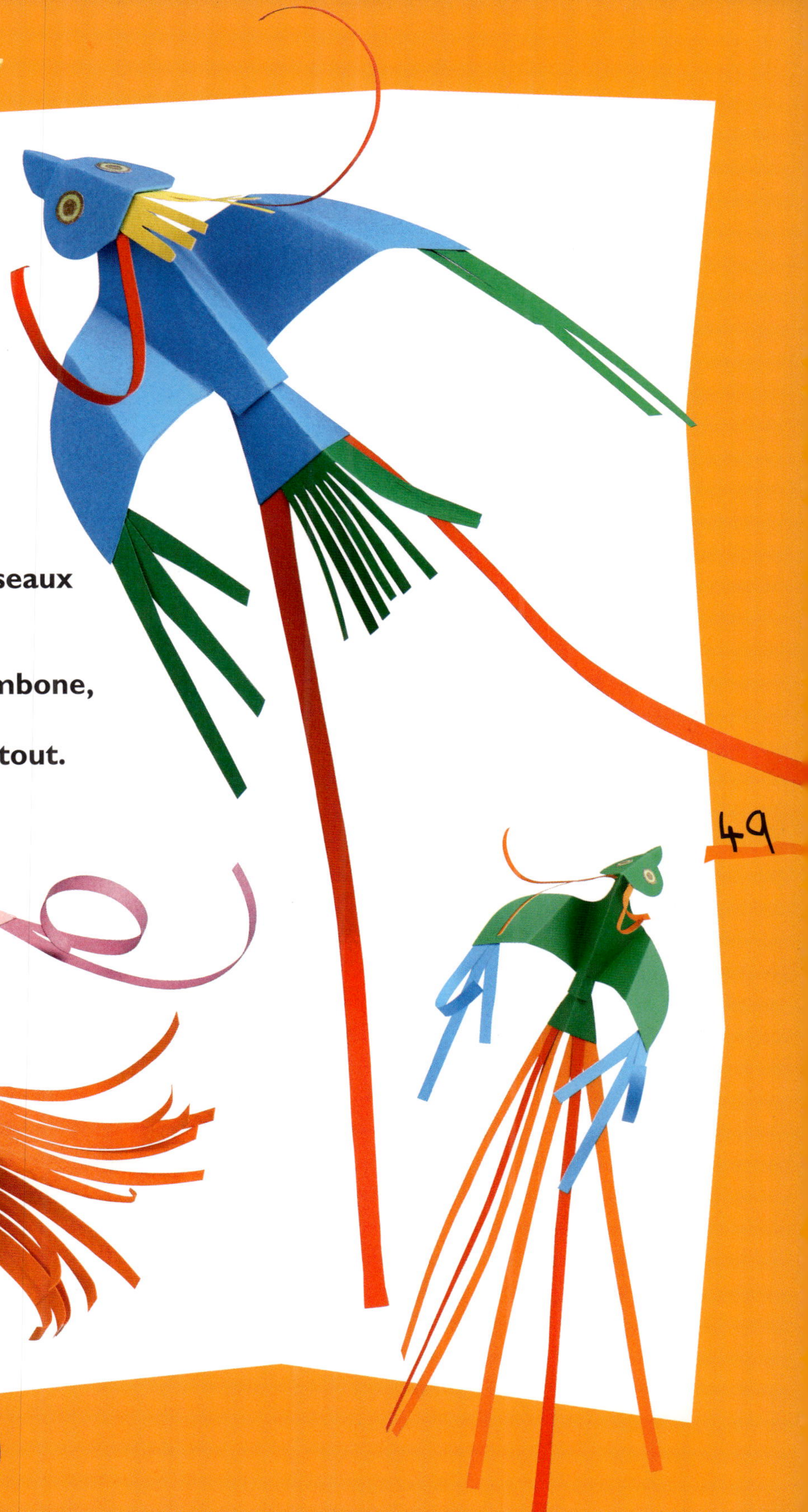

Fais plein d'oiseaux pour décorer ta chambre ! Avec leur trombone, tu pourras les accrocher partout.

Grenouilles coassant

Matériel ***• rouleau de papier-toilette • cartonnette • papier blanc • petits cailloux • 2 boules de cotillon • colle • peinture • pinceau • ciseaux • feutre marron • règle • crayon •***

1

Dans le rouleau, découpe deux hauteurs de 2 et 4 cm. Sur la cartonnette, dessine trois ronds en suivant leur contour. Ajoute des pattes sur l'un d'eux. Découpe.

2

Colle les ronds de chaque côté du petit tube en glissant quelques cailloux. Colle l'autre tube entre les pattes.

3

Découpe deux bandes de papier de 4 x 1 cm. Colles-en une en guise de charnière. Découpe aussi une languette de cartonnette de 1 x 10 cm.

4

Peins la grenouille en commençant par l'intérieur. Peins aussi la bande de papier et l'extrémité de la languette en vert.

5

Colle l'extrémité de la languette sur la tête en l'alignant avec la charnière. Replie la languette. Colle la bande à cheval. Dessine des pupilles sur les boules de cotillon, puis colle-les.

Actionne délicatement la languette pour faire claquer la bouche et bouger les cailloux. Fabrique une grenouille pour chacun de tes amis. Ensemble, vous pourrez donner un véritable concert de coassements !

Château modulable

Matériel ***• rouleaux de carton de différents diamètres et hauteurs • compas • • papiers de couleur • magazines • colle • ciseaux • peinture et pinceaux •***

1

Peins les rouleaux. Laisse sécher, puis décore-les avec des papiers de couleur ou des motifs découpés dans les magazines.

2

Colle des rondelles de papier pour fermer les tours, de même diamètre ou plus large.

3

Pour les toits, trace des cercles de différents diamètres, dans du papier rouge. Découpe-les.

4

Découpe dans ces ronds un angle plus ou moins grand en partant du centre du cercle. Colle les 2 bords pour former un cône.

Buissons et arbres

Dessine des arbres ou des buissons sur du papier vert en ajoutant des languettes. Découpe-les. Peins les troncs des arbres.

Pour peupler ton décor, tourne la page !

Château modulable

Matériel *• tubes en carton • ciseaux • colle • papiers de couleur • • compas • peinture et pinceaux • règle • crayon •*

Les personnages

1

Demande à un adulte de couper des morceaux de tube de 4,5 cm. Peins-les. Laisse-les sécher.

2

Colle une rondelle de papier de couleur sur les têtes, du même diamètre ou plus large.

Cheveux bouclés

Découpe des bandelettes. Enroule-les autour d'un crayon. Colle-les sur la tête.

Chapeau pointu

Forme un cône, de la même manière que pour les toits du château (étapes 4 et 5 p. 52). Colle-le.

Chapeau haut de forme

Découpe une petite bande de papier. Roule-la en tube. Colle les 2 extrémités. Découpe et colle une rondelle de papier pour fermer le chapeau. Colle-le sur le personnage.

Roi, princesse ou magicien, à toi d'inventer plein de personnages !

Écureuils artistes

Matériel • ***gros tube en carton avec bouchon • morceau de tube fin en carton •***
• papier de différentes couleurs • crayon • ciseaux • colle • feutre • règle • cutter (adulte) •

Le patron des écureuils se trouve page 117.

1

Plie une feuille en deux, reporte le patron en le plaçant bien sur la pliure. Découpe le contour et fais des franges au bout de la queue. Déplie.

2

Marque les plis du patron avec la pointe d'une paire de ciseaux. Replie la queue vers le dos et la tête vers le devant du corps.

3

Découpe des yeux et un museau. Colle-les et dessine au feutre une bouche et des poils de moustache.

4

Demande à un adulte de découper au cutter environ 12 cm dans le gros tube et 4 cm en biais dans le petit tube. Colle le bouchon du gros tube.

5

Découpe deux bandes de papier marron aux dimensions des deux tubes et une petite rondelle du diamètre du petit. Dessine les nervures du bois au feutre. Colle les bandes sur les tubes, puis le petit tube sur le grand. Colle la rondelle au bout de la branche, puis les écureuils sur le tronc.

Chevaux de course

Matériel ***• petit carton (litière pour chat, lessive…) • chute de carton épais • • tourillon de 8 mm de diamètre • tube fin en carton • 3 m de ficelle par cheval • crayon • • peinture • pinceaux • papier de différentes couleurs • ciseaux • colle • cutter (adulte) •***

1

Prépare un patron de la forme du cheval en t'inspirant du dessin : il doit être aussi large que la boîte et de 11 cm de haut. Reporte-le sur chaque face.

2

Sur le carton épais, dessine 4 roues à l'aide d'un verre. Sur le reste de la boîte, trace 2 yeux avec une pièce de monnaie, dessine 2 oreilles et 4 bandes de 15 cm.

3

Demande à un adulte de t'aider à découper les éléments, ainsi que 2 morceaux de tourillon 4 cm plus larges que la boîte. Peins l'ensemble.

4

Avec l'aide de l'adulte, fais un trou dans chaque patte et glisses-y les tourillons. Colle les roues avec les bandes, puis les oreilles et les yeux.

5

Dans le papier, découpe les naseaux, l'iris et la pupille des yeux, la crinière et la queue. Colle-les en place. Fais un trou à l'avant du cheval. Glisse l'extrémité de la ficelle et fais un nœud. Attache l'autre extrémité à un morceau de tube en carton.

Chaque joueur place son cheval derrière la ligne de départ, déroule la ficelle et la tend. Au signal, les joueurs rembobinent leur ficelle le plus vite possible. Pas de triche : les ficelles doivent être de même longueur !

À la pêche !

Matériel • ***boîte de céréales • carton fin • ficelle • 2 brochettes en bois • • peinture et pinceaux • ciseaux • colle •***

Les patrons se trouvent page 118.

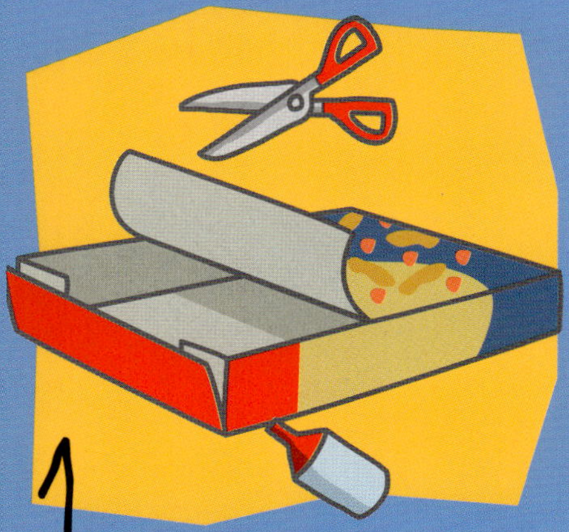

1

Découpe une face de la boîte. Recolle les côtés.

2

À l'aide des patrons, trace sur le carton fin les formes pour fabriquer plusieurs poissons, 2 hameçons et 2 flotteurs. Découpe-les.

3

Peins la boîte et les éléments découpés. Ajoute les yeux des poissons.

4

Emboîte et colle les 2 parties des poissons.

Cannes à pêche

Colle les 2 faces d'un flotteur, en emprisonnant la ficelle. Noue la ficelle à la brochette et attache l'hameçon à l'autre extrémité.

Invite tes amis
à une partie de pêche.
Qui attrapera le plus
de poissons ?

Manchot-culbuto

Matériel • *rouleau de papier-toilette • rouleau fin en carton (rouleau de protège-livres ou de papier cadeau) • 2 piles rondes usagées (type 1,5 V AA) • carton fin •*
• papier de différentes couleurs • scotch • colle • crayon • ciseaux • règle •

1

Avec l'aide d'un adulte, découpe un tronçon de 6 cm dans chaque rouleau. Place-les debout sur du carton fin : éloigne-les pour obtenir une hauteur totale de 10 cm. Trace les contours, puis relie-les à la règle.

2

Découpe la forme en carton. Reporte-la sur un autre morceau de carton pour obtenir une seconde forme identique, puis deux fois sur du papier noir.

3

Scotche les piles dans le gros rouleau. Colle les rouleaux entre les deux formes en carton.

4

Découpe une bande de papier noir de la largeur du culbuto et de 26 cm de longueur. Colle-la en enveloppant les rouleaux. Recouvre les côtés. Découpe le ventre, les yeux, le bec, les ailes. Colle-les.

Pour créer un décor polaire, recouvre des boîtes de biscottes et de céréales de papier. Découpes-en une en forme d'iceberg avant de l'habiller de papier.

Toutou tout articulé

Matériel *• rouleau de papier essuie-tout • peinture et pinceaux • ciseaux • • colle • papier blanc • perforatrice • perle ou cotillon rouge • 2 brochettes en bois • • ficelle • cartonnette • règle •*

Les patrons se trouvent page 119.

1

Découpe dans le rouleau trois morceaux de 9 cm, 6,5 cm et 5 cm. Dans la cartonnette, trace et découpe une rondelle de carton. Colle-la sur le plus grand rouleau.

2

Peins les 3 rouleaux. Peins les dents sur le plus grand. Laisse sécher. Colle la perle à la place de la truffe.

3

Reporte les détails du corps sur la cartonnette. Découpe-les, peins-les et colle-les sur le chien.

4

Perce des trous, comme sur le dessin. Relie les rouleaux à l'aide de la ficelle.

5

Perce un trou au milieu du premier et du dernier rouleau. Glisse et noue un morceau de ficelle dans chacun d'eux. Attache l'autre extrémité à une brochette.

Pour animer ton chien, agite doucement les brochettes !

Gorille tapageur

Matériel ***• pot de yaourt en carton • papier épais rose et noir • peinture noire • • pinceau • 40 cm de ficelle • 2 grosses perles en bois • 15 cm de tube fin en carton • • crayons de couleur ou feutres • ciseaux •***

Les patrons se trouvent page 118.

1

Pose le pot de yaourt à l'envers et peins le fond en noir. Laisse sécher.

2

Encolle le tour du pot et recouvre-le d'un morceau de papier noir. Laisse sécher. Découpe ce qui dépasse, en conservant une languette. Colle-la.

3

Demande à un adulte de t'aider à percer deux trous en vis-à-vis à 2 cm du haut du corps. Enfiles-y la ficelle. Attache les perles aux extrémités.

4

Équilibre la longueur des bras et bloque-les par un nœud de chaque côté du corps. Colle le tube à l'intérieur du pot, contre le bord.

5

À l'aide des patrons, découpe la tête et les pattes dans du papier noir, et le visage, les oreilles, le torse et les mains dans du papier rose. Assemble-les au corps. Ajoute les détails au crayon.

Pour éviter que le tube ne se décolle, renforce l'assemblage avec du scotch épais. Il ne te reste plus qu'à agiter ton singe pour que les perles fassent du bruit en tapant dessus !

Boîtes-tortues

Matériel ***• boîtes d'allumettes • papiers dans les tons de vert et marron • • yeux mobiles • crayon • ciseaux • colle • feutre • peinture • pinceau • compas •***

Les patrons se trouvent page 119.

1

Peins l'extérieur d'une grosse boîte d'allumettes et les bords de son tiroir en marron. Laisse sécher.

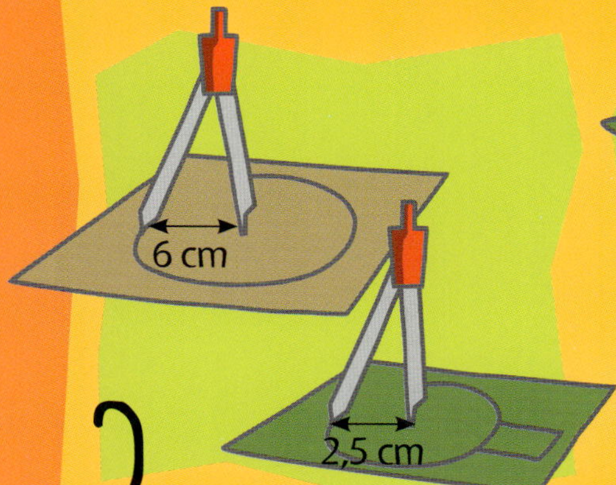

2

Trace un cercle de 6 cm de rayon pour la carapace et un autre de 2,5 cm muni d'une languette pour la tête.

3

Trace un trait en partant du centre de chaque rond. Découpe. Superpose légèrement les bords de chaque fente et colle-les.

4

Découpe des petits ronds. Colle-les sur un second papier en les espaçant. Découpe des ronds plus larges et colle-les sur la carapace.

5

Reporte le patron des pattes et de la queue. Découpe-les. Colle la languette de la tête et la queue sous le tiroir, les pattes de chaque côté de la boîte et la carapace sur le dessus. Colle les yeux et dessine les narines.

Réalise le bébé de la même manière à partir d'une petite boîte d'allumettes. La carapace mesure 3,5 cm de rayon et la tête 1,5 cm.

Chats animés

Matériel ***• Papier épais de différentes couleurs • ciseaux • feutres • colle • règle •***

1

Découpe une bande de papier de 9 x 21 cm. Sur les longueurs, trace des repères à 2, 10, 12 et 20 cm. Marque les plis avec la pointe d'une paire de ciseaux et une règle.

2

Sur la première face, dessine les yeux et la bouche. Découpe-les : commence par une fente en pliant légèrement le papier.

3

En suivant à peu près les hauteurs entre parenthèses, découpe le corps (4 cm), les oreilles (3 cm), la langue (3 cm) et le museau.

4

Mets la tête en forme. Replie la langue et colle-la sur le fond, en face de la bouche. Colle le côté de la tête, les oreilles et le museau.

5

Découpe une carte de 11 x 15 cm dans une feuille pliée en deux. Colle le corps, puis la tête au ras de la pliure. Marque un pli à 2 cm de la pliure et colle le côté de la tête. Dessine des moustaches, des narines, puis trois pupilles en aplatissant la tête à droite puis à gauche.

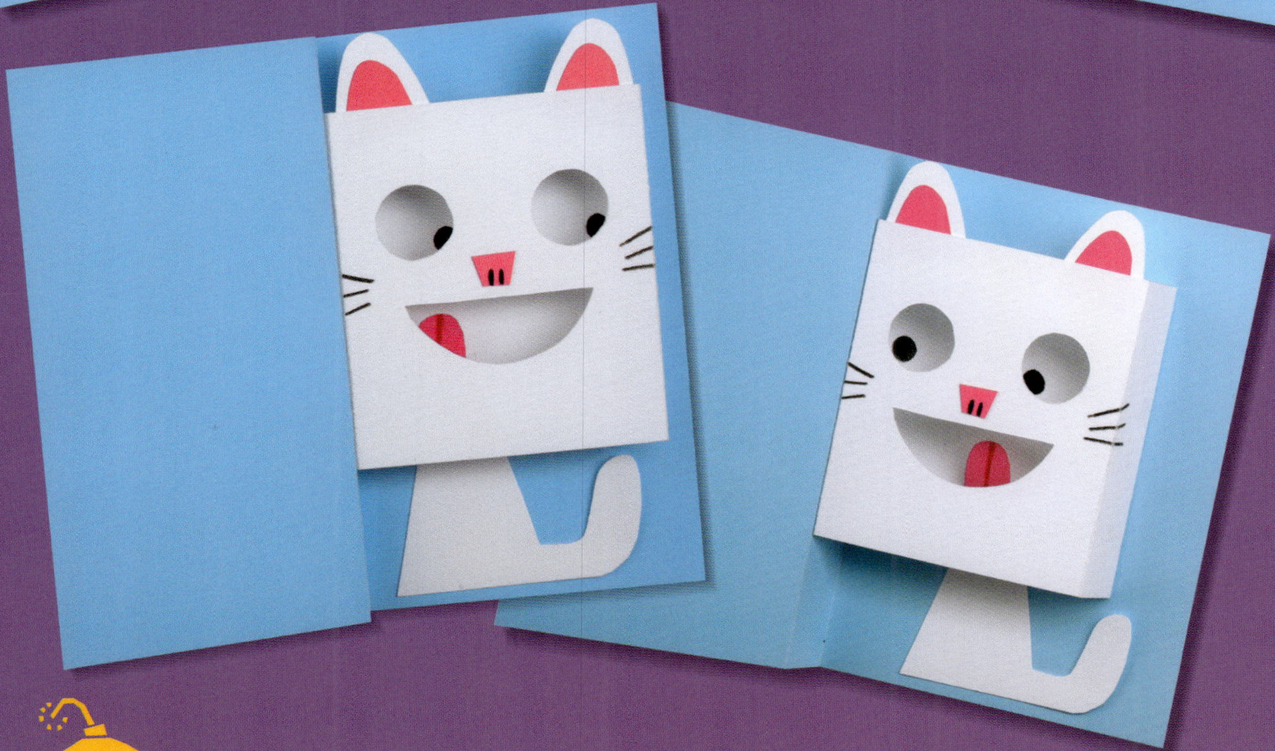

Sur le même principe, réalise des cartes de différentes tailles.
Ajoute une bulle pour écrire un message.
Pour gagner du temps pour la tête, tu peux aussi recouvrir une petite boîte en carton dont tu auras recoupé les languettes.

Boîtes cadeaux

Matériel ***• petites boîtes d'emballage • peinture et pinceaux • papiers de couleur • • colle • ciseaux • compas • perforatrice (facultatif) •***

Boîtes

1

Peins les boîtes. Laisse sécher.

2

À ta guise, ajoute des décors de papier : bandelettes collées, motifs aux angles, etc.

Pompon à franges

1

Découpe des bandelettes. Avec l'une d'elles, confectionne un anneau. Passe les autres à l'intérieur, plie-les et attache-les.

2

Avec un adulte, entaille le centre du couvercle. Passe une boucle dans l'anneau du pompon et colle-la sous le couvercle.

Pompon rond

Trace 6 ronds de même taille. Plie-les en deux et colle-les deux à deux, en emprisonnant une bandelette de papier. Colle l'extrémité sous le couvercle.

Attache une jolie étiquette pour noter un petit message.

Décorations de Noël

Matériel *• papiers de couleur et à motifs (scrapbooking, origami…) • cartonnette • • petites attaches parisiennes • ciseaux • règle • colle • ficelle métallisée • crayon •*

Boule

1

Découpe 13 bandes de 15 x 1 cm dans des papiers.

2

Assemble les bandes en fixant 2 attaches parisiennes à chaque extrémité.

Étoiles

Le patron des étoiles se trouve page 119.

1

Reporte le patron sur la cartonnette. Découpe. Recouvre l'étoile de papier.

2

Dans du papier de couleur, découpe 3 fleurs de tailles variées. Colle-les au centre de l'étoile en les superposant.

Cercles suspendus

Découpe 7 bandes de 1,5 cm de large et de longueurs croissantes. Colle les extrémités pour former des cercles. Colle les cercles ensemble.

**Attache un morceau de ficelle pour suspendre tes décorations.
Pour l'étoile, demande à un adulte de percer un petit trou.**

Perles en papier

Matériel ***• feuilles blanches A4 • brochette en bois • magazines • perles en bois • • colle • ficelle • peinture et pinceaux • ciseaux • règle •***

Perles

1

Dans la longueur d'une feuille, découpe des bandes de papier, de 2 cm de largeur.

2

Encolle la bande et enroule-la autour de la brochette. Laisse sécher avant de retirer la brochette. Pour obtenir une plus grosse perle, enroule plusieurs bandes, les unes sur les autres.

3

Dans les magazines, découpe des rectangles de motifs de 2 x 4 cm. Colle-les sur les perles. Tu peux aussi les peindre.

Pantin

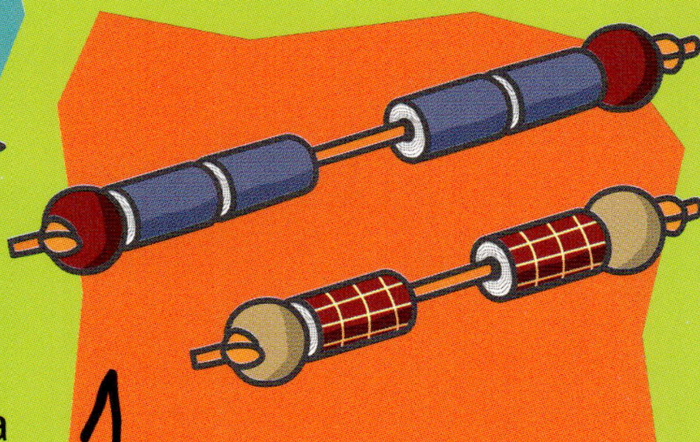

1

Pour les jambes, enfile 2 perles en bois et 4 perles en papier sur de la ficelle. Pour les bras, enfile 2 perles en bois et 2 perles en papier.

2

Plie en deux un brin de 30 cm. Noue-le entre les 2 jambes. Enfile 1 perle en papier pour le corps. Fais un nœud entre les bras. Enfile la tête. Termine par un nœud.

**Avec tes perles de papier,
tu peux aussi créer
des colliers, des bracelets,
ou des grigris.**

Une chouette lampe

Matériel ***• boule japonaise de couleur • papier crépon : 3 couleurs en camaïeu • papier de différentes couleurs • colle • crayon • ciseaux • règle •***

Les patrons se trouvent page 120.

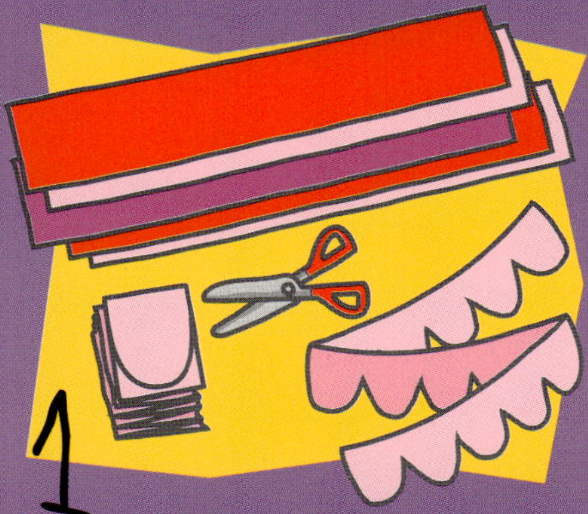

1

Coupe de grandes bandes de papier crépon d'environ 8 cm de large. Replie chaque bande en accordéon et découpe un arrondi sans aller jusqu'en haut.

2

Colle les bandes sur la boule en commençant par le bas. Décale les bandes les unes par rapport aux autres en alternant les couleurs.

3

À l'aide des patrons, découpe 3 ronds pour chaque œil, 3 formes pour chaque toupet puis les pattes et le bec.

4

Superpose les formes des toupets en collant leur base. Laisse sécher. Découpe des franges dans toutes les épaisseurs en même temps. Plie la base.

5

Colle les ronds des yeux en les superposant. Colle les yeux, le bec, les pattes et les toupets sur la boule.

Selon la déco de ta chambre, transforme ce modèle, en chat, en chien ou en poisson ! Et si tu ne trouves pas de boule de la couleur que tu souhaites, tu peux la recouvrir de petits morceaux de papier de soie.

Marionnettes à doigts

Matériel *• papiers de couleur • colle • ciseaux • feutre noir • crayons de couleur •*

1

Reporte les patrons des personnages sur du papier couleur chair, ceux des vêtements, des chapeaux, des yeux et des cheveux sur d'autres couleurs.

2

Découpe les éléments. Décore les chapeaux. Colle les habits et les cheveux. Dessine les détails du visage.

3

Demande à un adulte de découper 2 trous au bas du personnage et une encoche de 2 cm au niveau des cheveux.

Les chaussures

Pour les chaussures, colle des petites bandes en formant un tube. Décore-les au crayon ou avec du papier.

Choisis un chapeau et des chaussures.
Glisse l'index et le majeur dans les 2 trous.
En route pour une promenade !

**Les patrons
se trouvent
pages 120 et 121.**

Labyrinthe infernal

Matériel ***• couvercle de boîte à chaussures • carton fin • rouleau de papier-toilette • 2 tubes en carton • 3 piques apéritif • papiers de couleur • peinture et pinceaux • • colle • ciseaux • bille • règle •***

1

Découpe des bandes de carton de différentes longueurs et de la hauteur du bord du couvercle. Prévois aussi des portes.

2

Fabrique 2 tunnels et une tour avec les tubes et le rouleau. Décore-les. Peins le couvercle et les bandes. Fabrique aussi 2 drapeaux.

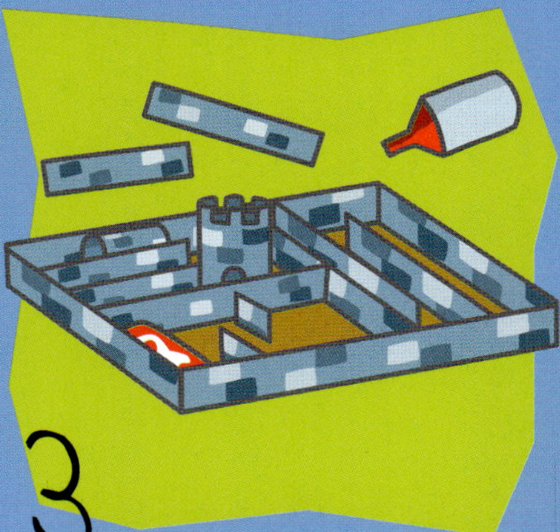

3

Colle tous les éléments dans le couvercle en vérifiant que la bille pourra passer partout.

4

Perce un trou pour créer un piège et peins une cible autour.

La roulette

Dans du papier vert, découpe 4 carrés de 4 cm de côté. Plie-les en deux. Colle-les en emprisonnant un pique au centre. Fais 2 encoches dans les parois pour y glisser la roulette.

Place la bille au niveau du drapeau vert. Incline le plateau pour faire circuler la bille entre les murs, jusqu'au drapeau rouge. Attention aux pièges !

Voiture de course

Matériel ***• rouleau de papier essuie-tout (18 cm) • tube en carton (2,5 cm) • • 4 bouchons en plastique (2 gros et 2 petits) • colle • 2 brochettes en bois (9,5 cm) • • carton fin • peinture et pinceaux • ciseaux • agrafeuse • compas •***

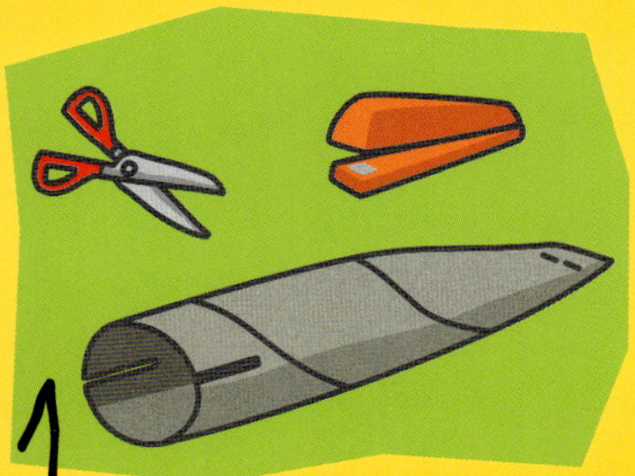

1

Sur une extrémité du rouleau, découpe 2 encoches de 2 cm de long, l'une face à l'autre. Aplatis l'autre extrémité et agrafe-la.

2

Découpe un rectangle (4 x 8,5 cm) et une rondelle de carton fin du diamètre du tube en carton. Colle la rondelle.

3

Peins le carton fin, le rouleau et le tube. Laisse sécher avant d'ajouter les détails.

4

Demande à un adulte de percer le centre des bouchons. Trace au compas 8 cercles de 2 cm de diamètre. Découpe-les et peins-les.

5

Assemble ta voiture. Transperce l'avant et l'arrière de la voiture avec les brochettes. Enfile chaque roue entre 2 rondelles de carton, collées sur la brochette. Colle le pilote.

Pour que les roues puissent tourner, ne colle pas les bouchons en plastique sur les brochettes.

Pompons

Quoi de plus amusant que d'inventer un monde tout doux, tout rond et plein de couleurs ? Une pelote de laine, quelques perles, un bout de feutrine et voici qu'apparaissent un drôle de mille-pattes, une autruche, un petit lapin malin ou un ravissant collier. Suis ce petit brin de folie et crée des pompons pour tout décorer et pour jouer !

Les secrets pour tout réussir

Comment faire un pompon ?

Choisis la laine : une pelote si tu veux faire plusieurs pompons de la même couleur, autrement des restes.

1 Décalque un anneau des pages 122 et 123. Tu peux utiliser du papier blanc fin. Découpe ce patron. Évide le centre.

2 Reporte le patron 2 fois sur de la cartonnette (paquets de céréales). Découpe les 2 anneaux.

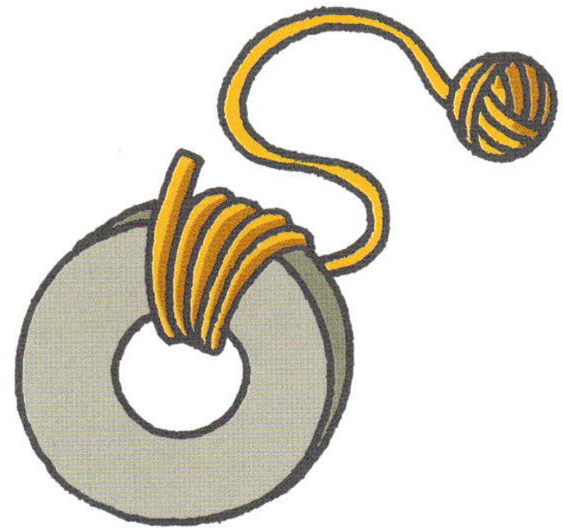

3 Prépare un peloton de laine. Superpose les anneaux et enroule le fil autour. Fais plusieurs tours. Quand le peloton est terminé, refais-en un. Quand le trou devient trop petit, passe le fil avec une aiguille à laine.

4 Quand le trou est comblé, passe la lame des ciseaux entre les 2 anneaux. Coupe la laine tout autour.

5 Glisse un fil de laine entre les deux anneaux. Il doit être assez long, surtout si tu veux faire une attache. Enroule le fil 2 fois. Fais un double-nœud bien serré.

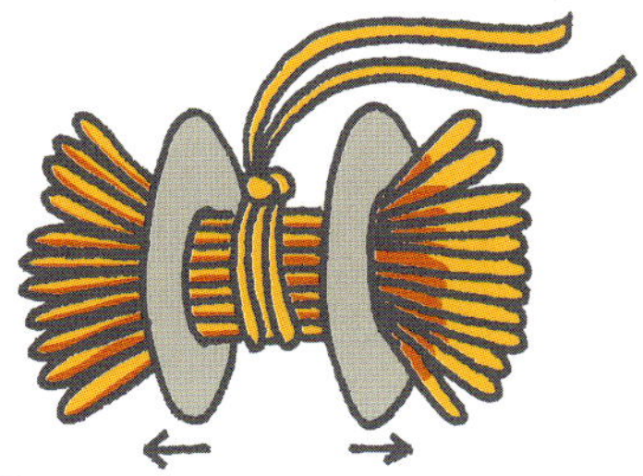

6 Retire les anneaux doucement (ils peuvent resservir). Mets le pompon en forme en le roulant doucement entre tes mains. Recoupe les brins qui dépassent.

Gagne du temps !
Fends les anneaux et enroule la laine de la pelote. Pour finir, scotche la fente et termine avec une aiguille.

Fleur

Enroule de la laine autour d'un rectangle de cartonnette en double-épaisseur de 3 à 6 cm de haut. Retire délicatement le petit écheveau. Attache-le au centre avec un fil assez long. Écarte les boucles.

Pompon plat

Procède comme pour une fleur. Pour finir, recoupe les boucles, égalise et ébouriffe.

Gland

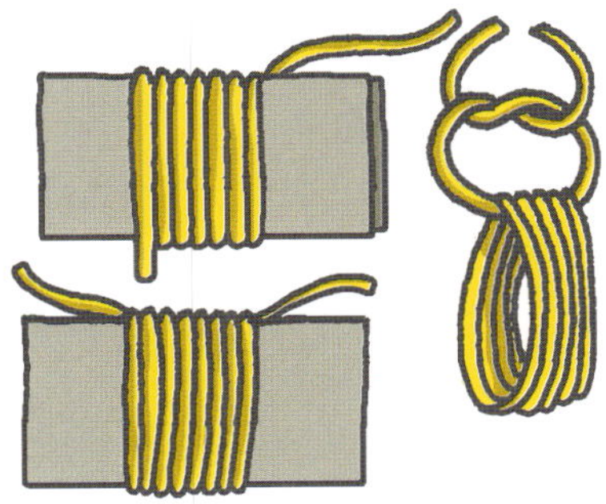

1 Découpe un rectangle de cartonnette double-épaisseur de la hauteur souhaitée. Enroule de la laine selon l'épaisseur que tu désires. Passe un fil sous les boucles du haut. Retire l'écheveau du carton et noue le fil en serrant bien.

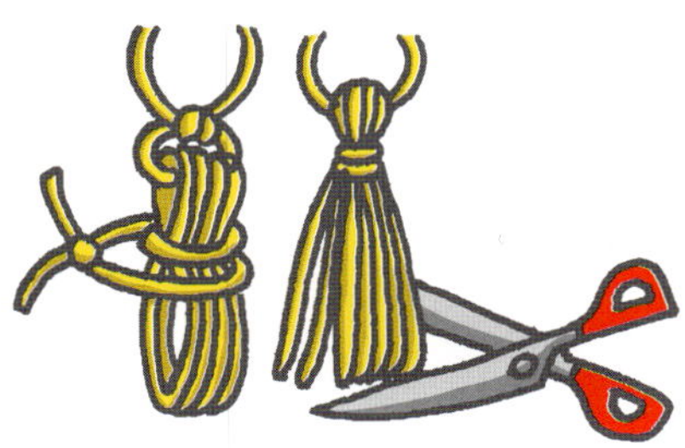

2 Enroule un autre fil un peu plus bas. Fais un double nœud. Coupe les boucles du bas et égalise.

Les petits détails

Des perles et des paillettes, des yeux mobiles, un peu de chenille armée, de la feutrine épaisse, des grelots . . .

Pour les collages, utilise de la colle liquide sans solvant. Encolle bien l'élément, écarte légèrement les brins, place l'élément et maintiens quelques instants.

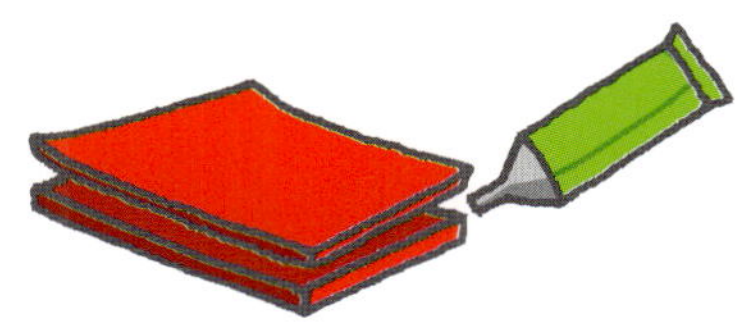

Tu peux coller deux épaisseurs de feutrine fine pour la raidir.

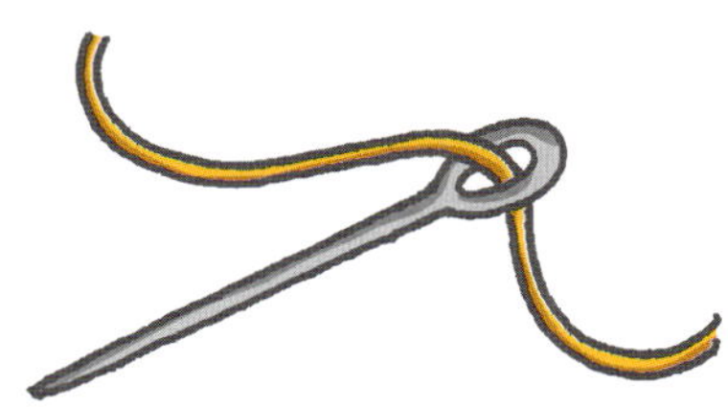

L'aiguille à laine te sera aussi utile pour les assemblages.

Petites bêtes

Matériel • *cartonnette • laine jaune ou marron • feutrine épaisse de différentes couleurs • yeux mobiles • aiguille à tapisserie (poussin) • minipompon rose (lapin) • • colle liquide sans solvant • papier blanc fin • crayon • ciseaux •*

1

Fais un pompon de 5,5 cm de diamètre et un autre de 6,5 cm, sans recouper les fils d'attache.

90

2

À l'aide des patrons, découpe les différents éléments de feutrine de l'animal choisi.

Lapin

Attache les pompons l'un à l'autre. Assemble les oreilles et le museau. Colle-les sur les pompons, puis colle les pattes. Ajoute un minipompon pour la queue, puis les yeux.

Poussin

À l'aide de l'aiguille, passe les fils du gros pompon au milieu des ailes. Attache les pompons l'un à l'autre. Colle le bec et les yeux.

Si la feutrine est trop raide, demande à un adulte d'entailler légèrement le bec du poussin pour lui donner une jolie forme.

Les patrons se trouvent pages 122 et 124.

Monstres de douceur

Matériel ***• cartonnette • laine épaisse chinée • feutrine épaisse de différentes couleurs • chenilles armées • pots de petits-suisses • colle liquide sans solvant • • papier blanc fin • crayon • ciseaux • perles •***

Les patrons se trouvent pages 122 et 123.

1

Fais un pompon de 8 cm de diamètre avec un fil d'attache assez long. Noue les 2 brins ensemble à 10 cm du pompon et recoupe-les.

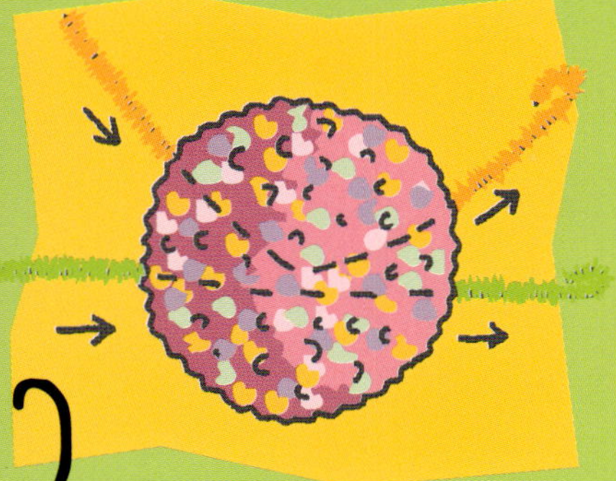

2

Replie l'extrémité de 2 chenilles de 30 cm. Pour les bras et les antennes, pique-les en passant au centre du pompon.

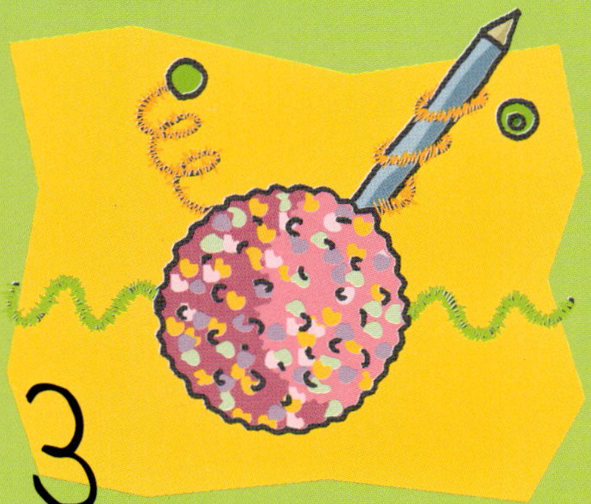

3

Vrille les chenilles autour d'un crayon. Pique une perle à l'extrémité des antennes.

4

Reporte le patron des yeux de ton choix sur la feutrine. Découpe-les. Pour les tout petits ronds, tu peux te servir d'une perforatrice.

5

Colle les yeux. Mets en forme un petit morceau de chenille pour la bouche. Colle-la. Fixe un pot de petit-suisse en guise de chapeau.

On replie l'extrémité des chenilles pour éviter qu'elles ne se prennent dans les brins du pompon. Tu peux aussi les passer à l'aide d'une aiguille à laine.

Jolies araignées

Matériel ***• cartonnette • laine bouclée et brillante noire • 3 chenilles armées de 30 cm • • feutrine orange • papier blanc fin • crayon • ciseaux • perforatrice •***

1

Fais un pompon de 4 cm et un de 7 cm. Réunis-les par leurs fils d'attache.

2

Replie l'extrémité des chenilles pour éviter qu'elles ne se prennent dans les brins du pompon. Pique la première au milieu du gros pompon. Pique les 2 autres de part et d'autre.

3

Équilibre les longueurs. Replie les extrémités de chaque chenille pour former les pattes.

4

Découpe les yeux dans la feutrine à l'aide d'une perforatrice et colle-les sur le petit pompon.

Les patrons se trouvent pages 122 et 123.

Tu peux remplacer la feutrine par de la mousse en plaque, du papier de couleur ou du papier colorié aux feutres.

Bijoux tout doux

Matériel • *cartonnette* • *laine turquoise, rose et fuchsia* •
• *fil de Lurex rose et turquoise* • *perles métallisées* • *crayon* • *ciseaux* • *règle* •

1

Coupe 4 brins de Lurex et 4 brins de laine : 70 cm pour un collier ou 40 cm pour un bracelet. Noue les brins puis sépare-les en trois comme sur le dessin.

2

Pour tresser, croise les brins droits sur ceux du centre, puis les brins gauches sur ceux du centre. Serre au fur et à mesure. Noue les brins et égalise.

3

Découpe un rectangle de cartonnette double-épaisseur : 6 cm de haut pour une grande fleur, 4 cm pour une moyenne, 3 cm pour une petite.

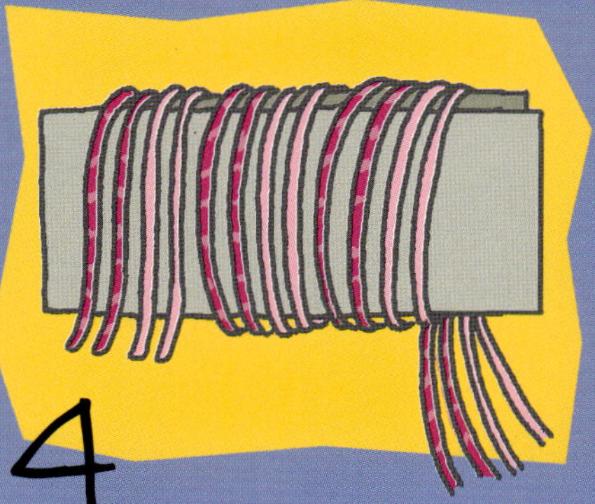

4

Rassemble 1 à 2 fils de laine et 2 fils de Lurex. Fais une fleur en suivant les explications de la page 7. Attache-la avec un fil de Lurex assez long.

5

Place la fleur sur la tresse et attache-les ensemble en enroulant le fil de Lurex plusieurs fois. Fais des nœuds bien serrés au dos. Attache plusieurs fleurs sur la même tresse. Tu peux recouper les fils d'attache ou y enfiler des perles.

**Sur le même principe,
tu peux faire des guirlandes
ou une ceinture…**

Mille-pattes

Matériel *• cartonnette • laine : 15 couleurs en dégradé • 4,50 m de cordon de satin rose • 2 boutons à pied violets • 32 perles en bois de différentes couleurs • • grosse aiguille à laine • papier blanc fin • crayon • ciseaux • règle •*

1

Fais un grand pompon de 8 cm pour la tête, 13 moyens de 7 cm pour le corps et un petit de 5,5 cm pour la queue.

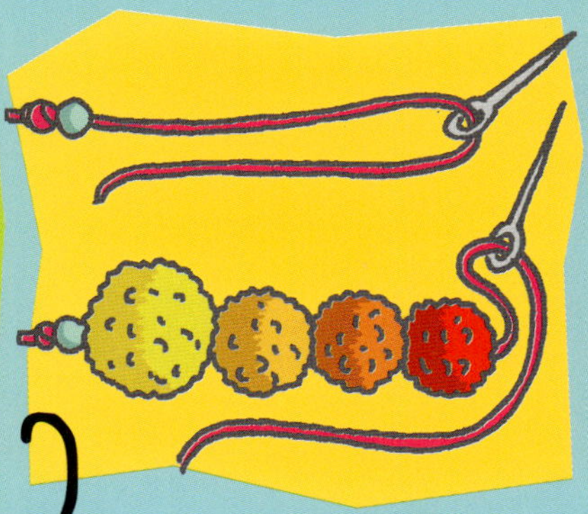

2

Coupe 90 cm de cordon. Fais 2 nœuds et enfile une perle. À l'aide de l'aiguille, enfile ensuite les pompons du plus gros au plus petit.

3

Enfile 3 perles. Serre bien les pompons. Fais 2 nœuds au ras des perles.

4

Pour les pattes, coupe 14 morceaux de cordon de 25 cm. À chaque extrémité, enfile une perle et fais 2 nœuds. Noue chaque morceau entre deux pompons.

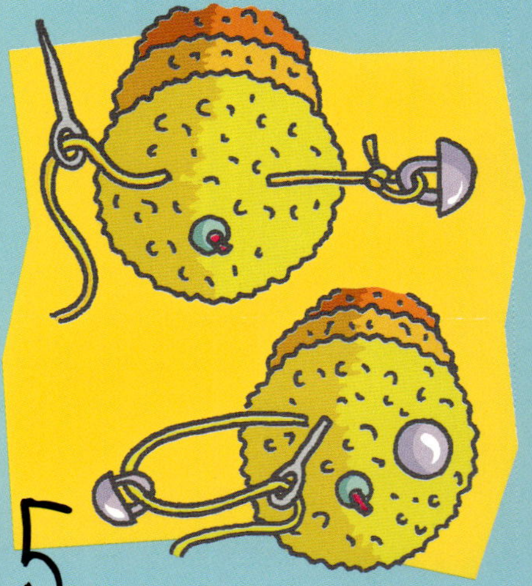

5

Avec une aiguillée de laine de la couleur de la tête, fixe les boutons en piquant dans le centre du pompon. Fais un double nœud pour arrêter.

Les patrons se trouvent page 122.

Si tu n'as pas 15 couleurs, cherche un autre rythme selon les laines dont tu disposes. Pour chaque paire de pattes, utilise 2 perles de la même couleur.

Boules de Noël

Matériel *• cartonnette • laine écrue • fil de Lurex de différentes couleurs • • perles métallisées en forme d'étoile ou rondes • papier blanc fin • crayon • ciseaux •*

Pour chaque boule, prépare 2 anneaux de cartonnette de la taille de ton choix.

Boules à rayure

Enroule le fil de Lurex sur plusieurs tours. Termine le pompon normalement avec la laine écrue.

Boules chinées

Pour obtenir l'effet chiné, il suffit d'enrouler en même temps 1 brin de laine écrue et 2 ou 3 brins de Lurex.

Boules à pois

1

Enroule du fil de Lurex sur environ 1 cm et sur plusieurs tours. Selon le nombre de pois que tu souhaites, recommence à intervalles réguliers.

2

Remplis ensuite les espaces vides en enroulant la laine écrue. Termine le pompon en faisant des tours complets avec la laine écrue.

Les patrons se trouvent pages 122 et 123.

Pour suspendre les boules, noue les fils d'attache à quelques centimètres du pompon, enfile une perle, refais un nœud, puis un autre 5 cm plus loin.

Salade de fruits

Matériel • *cartonnette* • *laine de différentes couleurs* • *feutrine épaisse verte* • • *aiguille à laine* • *papier blanc fin* • *crayon* • *ciseaux* •

Pomme

1

Fais un pompon vert de 8 cm avec un gros pois orange en procédant comme pour les boules de la page 100. Le fil d'attache du pompon doit être vert.

2

Reporte le patron des feuilles sur la feutrine. Découpe-les. Fais 5 ou 6 nœuds avec les fils d'attache. Place les feuilles entre les brins et refais des nœuds.

Poire

1

Fais un pompon jaune de 4,5 cm et un autre de 6,5 cm. Réunis-les par leurs fils d'attache. Recoupe un peu les brins des pompons pour former la poire.

2

Noue un fil vert entre les 2 pompons et ressors chaque brin en haut à l'aide d'une aiguille. Attache les feuilles comme pour la pomme.

Cerises

Fais 2 pompons de 4 cm avec des fils d'attache verts. Noue les 4 brins à environ 5 cm des cerises. Pour les feuilles, procède comme pour la pomme.

102

Les patrons se trouvent
pages 122 à 124.

Accroche les fruits sur un sac, la fermeture de ton blouson ou sur ton bonnet pour les décorer. Tu peux imaginer une grappe de raisin, en accrochant plein de petits pompons violets.

Charmant serpent

Matériel ***• cartonnette • 6 couleurs de laine en camaïeu • 1 m de cordon de satin • • 2 boutons à pied verts • feutrine fine turquoise • 4 perles en bois • grosse aiguille à laine • • colle liquide sans solvant • papier blanc fin • crayon • ciseaux • grelot •***

1

Reporte le patron de la langue sur la feutrine. Découpe-la. Colle une perle à l'extrémité de la langue. Laisse sécher.

2

Pour la tête, fais 2 pompons de 4 cm de diamètre et assemble-les en nouant leurs fils d'attache.

3

Pour le corps, réalise 18 autres pompons de 4 cm en variant les couleurs, puis réalise 2 autres pompons de 3,5 cm pour la queue.

4

Fais 2 nœuds à une extrémité du cordon. Enfile la langue. À l'aide de l'aiguille, enfile les pompons : commence par la tête en piquant dans le nœud.

5

Pour finir, enfile 3 perles en bois et le grelot. Serre bien les pompons et refais 2 nœuds. Fixe les yeux comme pour le mille-pattes de la page 98.

Les patrons se trouvent
pages 123 et 124.

Si tu as le courage de faire plein de pompons, tu pourras te faire une écharpe !

Drôles d'insectes

Matériel • *cartonnette • laine de différentes couleurs : unies, chinées ou brillantes •*
• feutrine épaisse de différentes couleurs • paillettes • yeux mobiles • papier blanc fin •
• crayon • ciseaux • aiguille à laine • colle liquide sans solvant •

Les patrons se trouvent pages 123 et 125.

1

Fais un pompon de 4 cm pour la tête et un autre de 5 cm pour le corps. Pour les rayures, reporte-toi à la page 100.

106

2

Réunis les pompons en nouant leurs fils d'attache. Conserves-en 2 assez longs.

3

Choisis une forme d'ailes et reporte le patron sur la feutrine. Découpe-les.

4

À l'aide de l'aiguille, passe chaque brin au travers des ailes. Noue les brins. Pour pouvoir suspendre ton insecte, noue l'extrémité des brins.

5

Soulève les ailes, dépose un point de colle sur le corps et appuie les ailes fortement. Colle des paillettes sur les ailes et des yeux mobiles sur la tête.

Amuse-toi à combiner des pompons unis, chinés, à rayures ou à pois. Prévois des fils d'attache plus longs et fabrique un mobile.

Madame l'autruche

Matériel • ***cartonnette • 6 couleurs de laine en camaïeu • 1 m de cordon de satin rose • • perles en bois : 4 roses, 2 jaunes, 2 oranges • 2 boutons à pied • feutrine épaisse orange • • grosse aiguille à laine • colle liquide sans solvant • papier blanc fin • crayon • ciseaux • règle •***

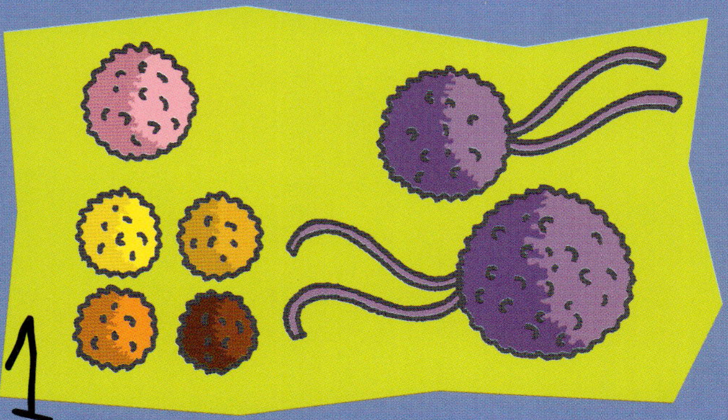

1

Fais un pompon de 6,5 cm de diamètre pour la tête et 4 de 5 cm pour le cou. Pour le corps, fais un pompon de 7 cm de diamètre et un autre de 10 cm en conservant les fils d'attache.

2

Assemble les 2 pompons du corps. Coupe environ 20 brins de laine de 30 cm de toutes les couleurs. Noue-les solidement au milieu avec les fils d'attache. Égalise.

3

Plie le cordon en deux et noue-le pour former une petite boucle. Enfile les 2 brins sur l'aiguille. Passe-la au travers des pompons de la tête et du cou.

4

Passe chaque brin du cordon par le centre du corps et ressors-le sur le côté. Enfile une perle. Serre l'ensemble puis fais 2 nœuds.

5

À l'aide des patrons, découpe le bec et les pattes dans la feutrine. Enfile 3 perles et une patte sur chaque brin. Termine par 2 nœuds.

Finitions : colle le bec puis réalise les yeux comme pour le mille-pattes page 98.

Tu peux aussi coller des yeux mobiles à la place des boutons.

Les patrons se trouvent pages 122, 123 et 125.

Marcel Pelote

Matériel ***• cartonnette • laine de différentes couleurs • chute de feutrine • • perles • yeux mobiles • colle liquide sans solvant • ciseaux • aiguille à laine • • perforatrice (facultatif) • épingle • règle •***

Le corps

1

Prépare 2 rectangles de cartonnette mise en double de 6 cm et 14 cm de haut.

110

3

Sépare en deux les brins de l'écheveau et tresse-les en suivant les explications de la page 96. Arrête chaque tresse en nouant un brin de laine d'une autre couleur.

5

À l'aide de l'aiguille, passe les fils d'attache des jambes dans le petit écheveau et dans le gland.

2

Sur le plus grand rectangle, commence un gland pour les jambes en suivant les explications de la page 89. Attache-le en haut et coupe les boucles en bas.

4

Avec le petit rectangle, prépare un écheveau de laine comme pour les jambes et un gland.

La tête

1

Fais un pompon rose de 4 cm de diamètre.

2

Sur le petit rectangle, fais un pompon plat marron en te reportant à la page 89. Enfile les fils d'attache sur l'aiguille et traverse la tête.

3

Égalise les cheveux. Mets un peu de colle pour les maintenir en place. Colle les yeux mobiles et un petit rond de feutrine pour la bouche. Tourne la page pour terminer Marcel Pelote. . .

Marcel Pelote

Assemblage

1

Noue solidement les brins qui sortent de la tête à ceux du corps. Recoupe ce qui dépasse.

2

Répartis bien les franges du corps, puis enroule un long fil de laine en guise de ceinture sur le lien. Noue au dos.

Bras

1

Coupe 3 brins de laine de 15 cm. Noue-les ensemble à une extrémité et enfile une perle sur les 3 brins.

2

Passe les brins dans le corps à l'aide de l'aiguille. Enfile une perle à l'autre extrémité et noue.

... et sa copine

1

Fais un pompon rose de 4 cm de diamètre pour la tête. Conserve les fils d'attache.

2

Sur un rectangle de cartonnette de 4 cm, réalise 2 pompons plats. Encolle-les et pique-les sur la tête avec une épingle le temps du séchage.

3

Pour la robe, prépare un rectangle de cartonnette mise en double de 8,5 cm de haut. Réalise un gland et 2 écheveaux comme pour le corps de Marcel. Prévois un long fil d'attache pour l'écheveau du bas.

N'oublie surtout pas de retirer les épingles de la tête avant de jouer avec ta poupée.

4

Enfile les éléments les uns sur les autres. Tasse bien. Attache la tête à la robe.

5

Répartis bien les franges de la robe. Noue la ceinture, puis resserre la jupe un peu plus bas. Égalise la hauteur des franges.

Réalise les bras en suivant les explications de Marcel. Colle les yeux mobiles et un petit rond de feutrine pour la bouche.

Patrons

Aide-toi de ces formes pour décorer tes origami !

Lapins coquins page 12

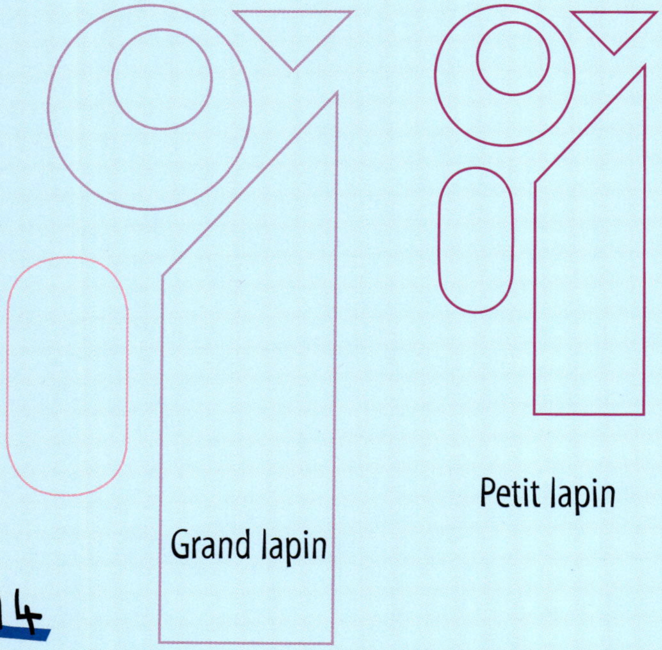

Pingouins malins
page 16

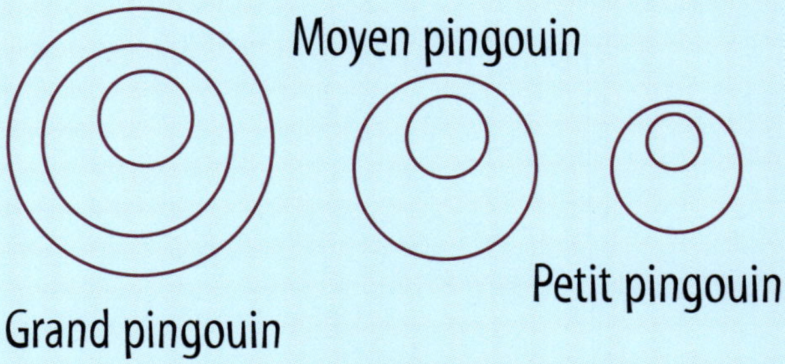

Poissons mignons
page 18

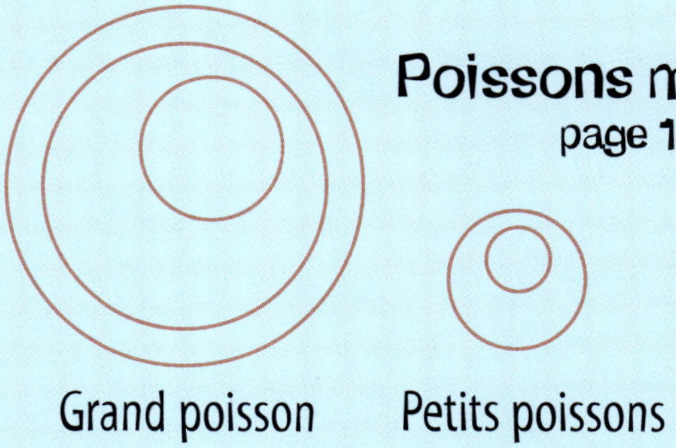

Comme chien et chat page 14

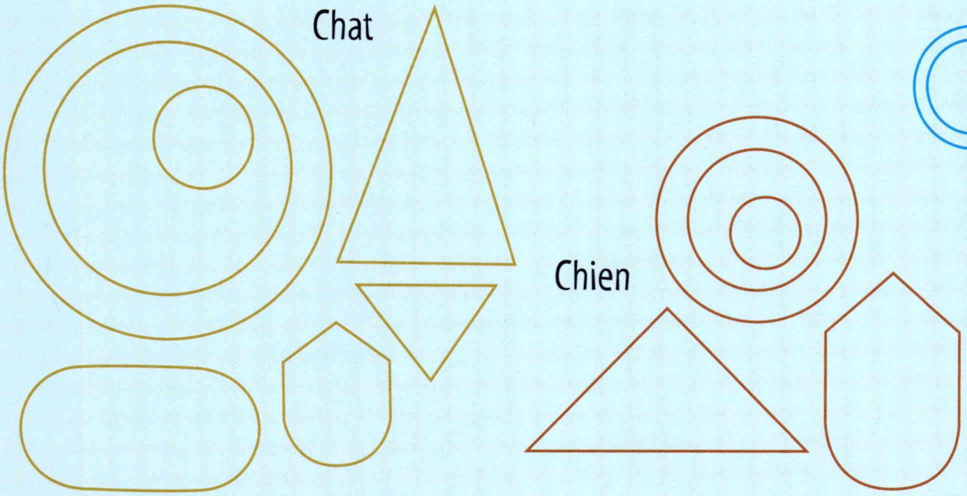

Coccinelles demoiselles
page 20

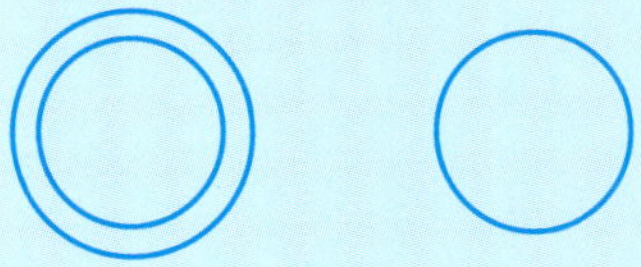

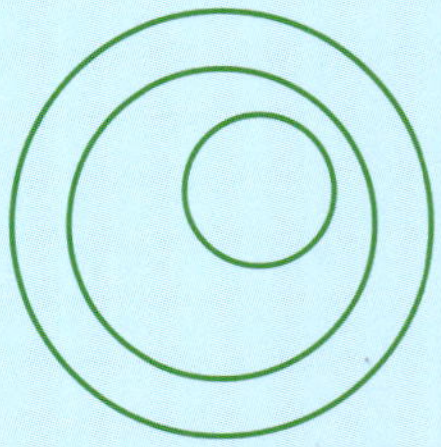

Sur la mare page 24

Dans les airs page 28

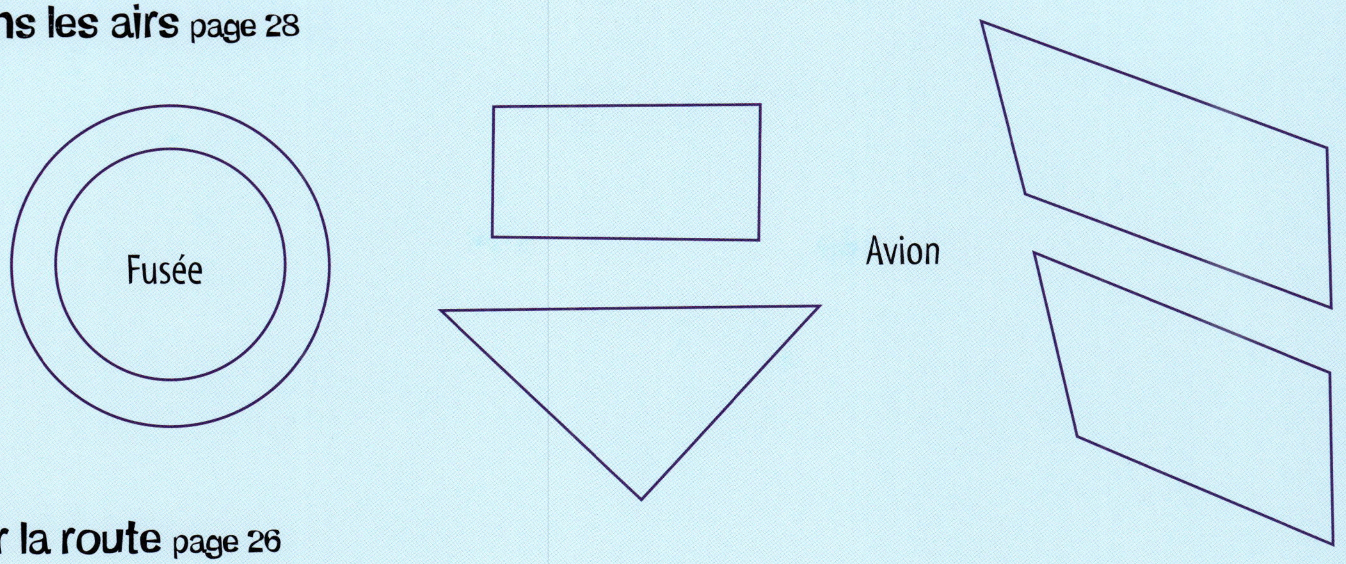

Sur la route page 26

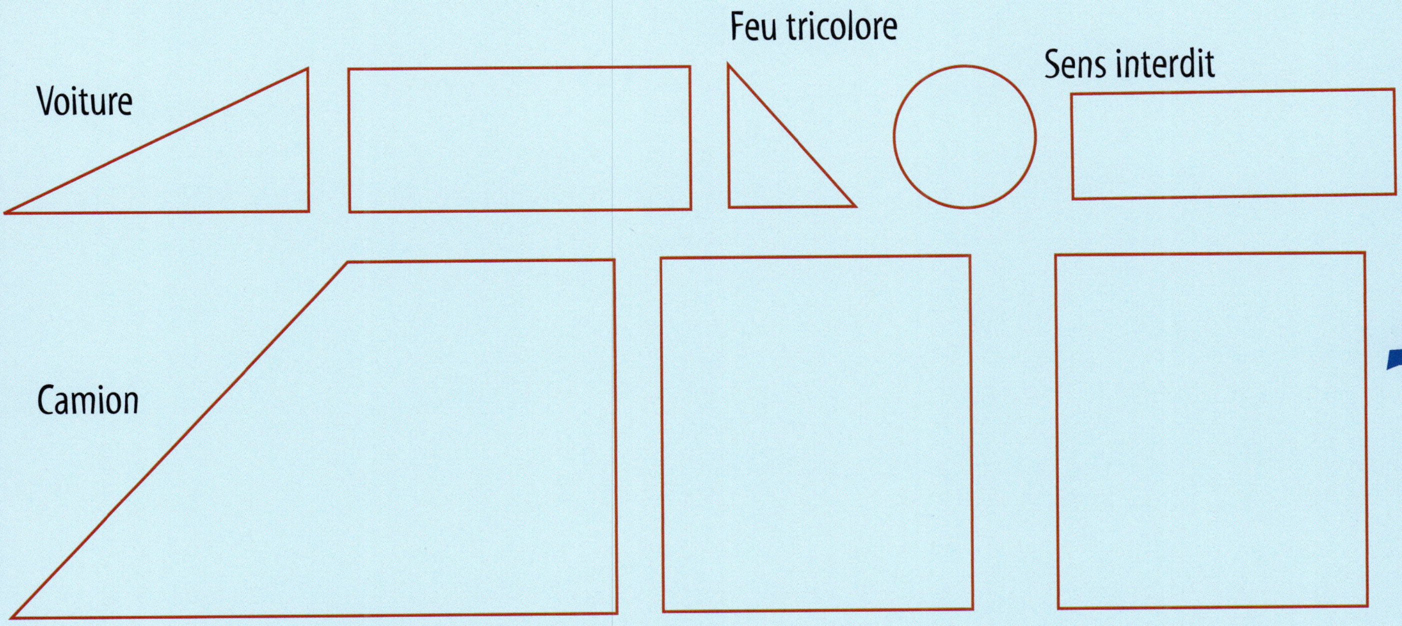

Enveloppes-maisons page 36

Conseil : lorsqu'un patron présente plusieurs tracés, découpe d'abord les formes en suivant les contours extérieurs.

Animaux très rigolos

page 44

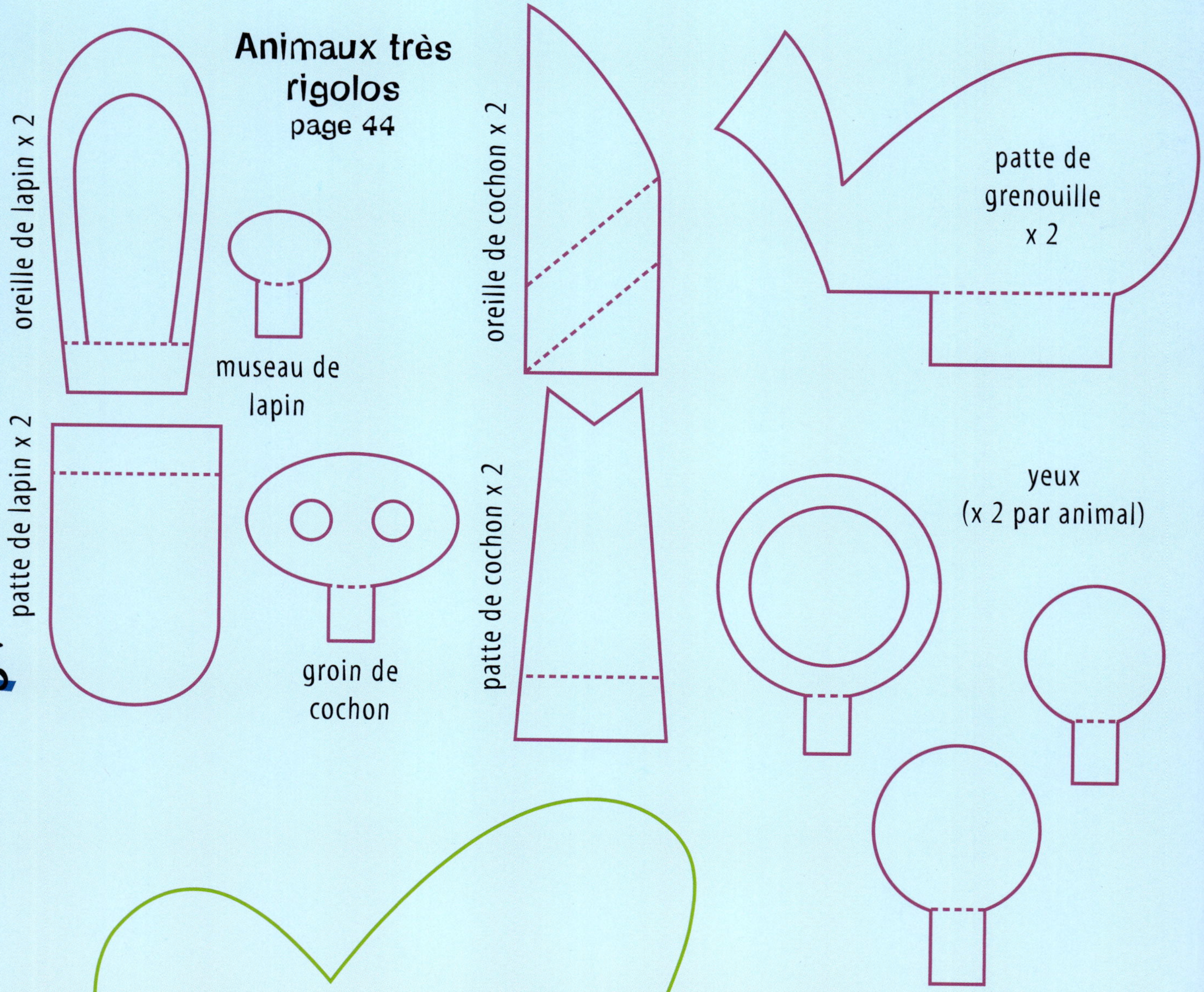

Papillons…volent !

page 46

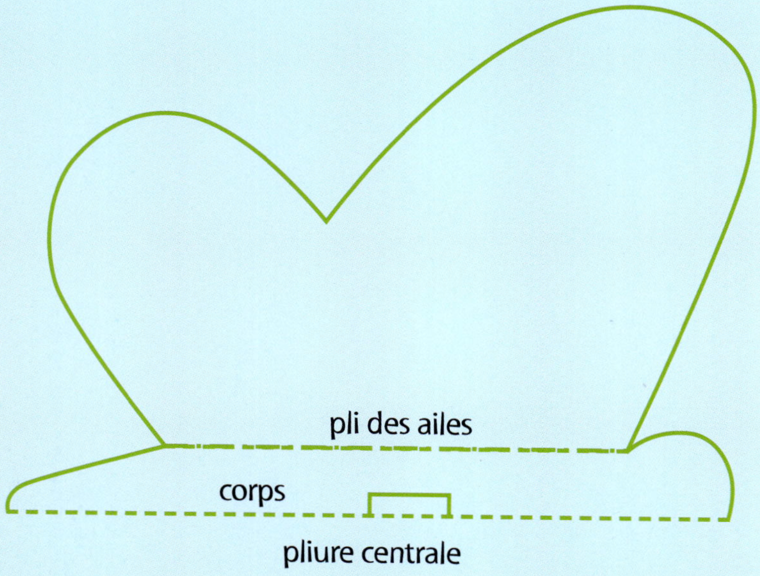

Oiseaux de Paradis

page 48

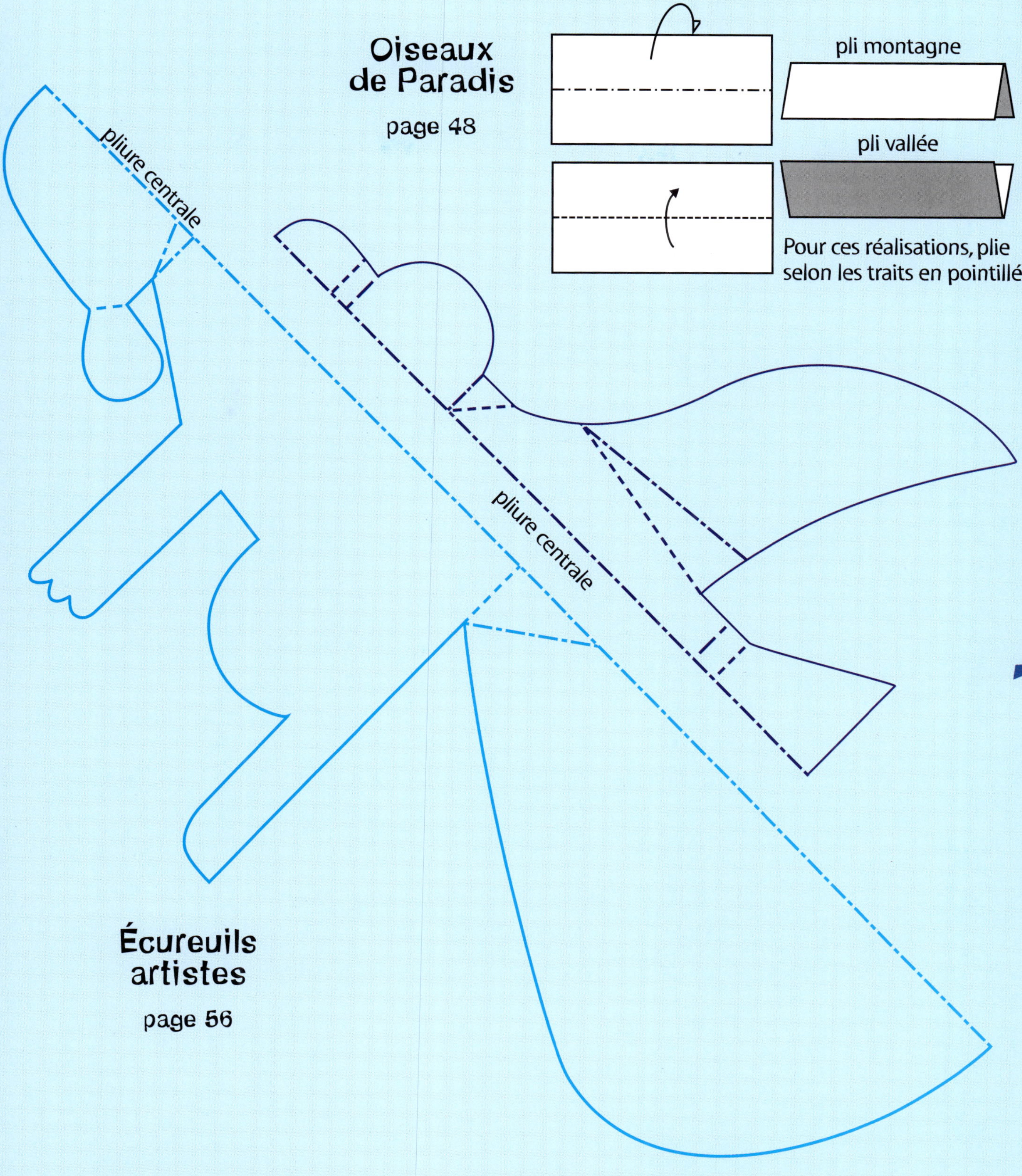

Écureuils artistes

page 56

À la pêche !

page 60

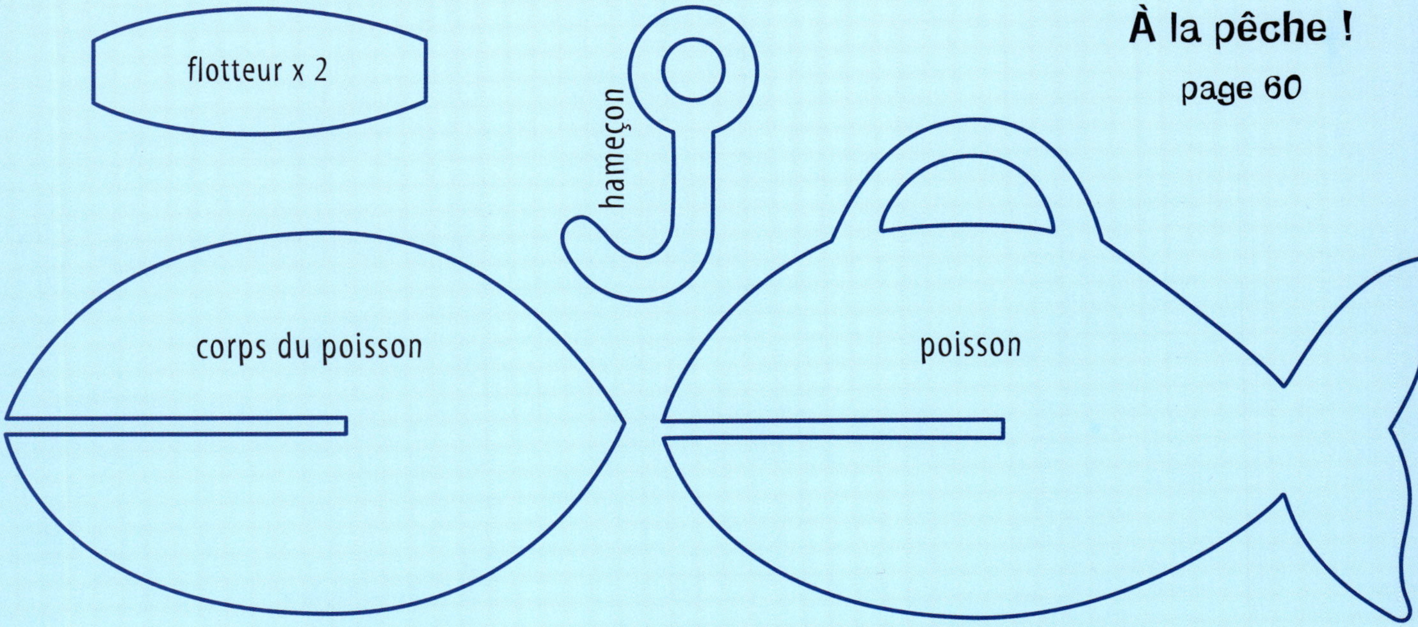

Gorille tapageur

page 66

Toutou tout articulé

page 64

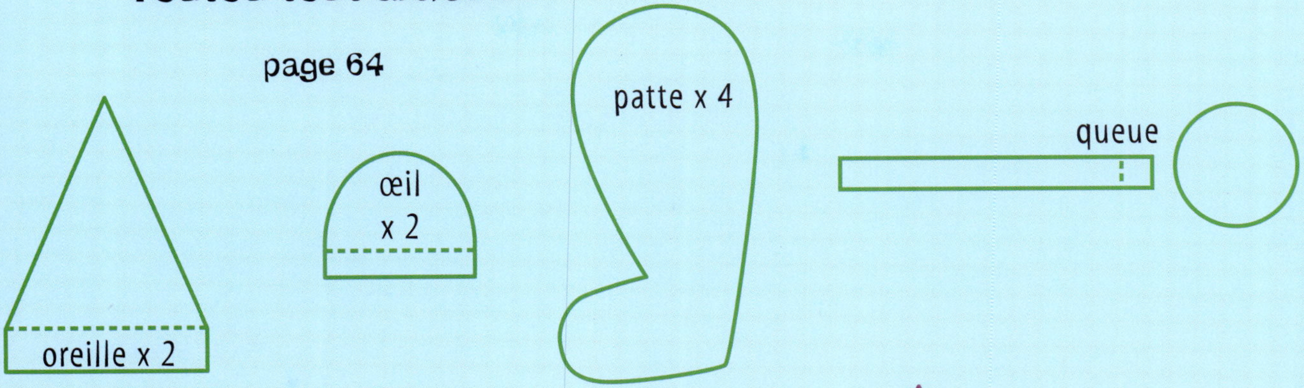

Boîtes-tortues

page 68

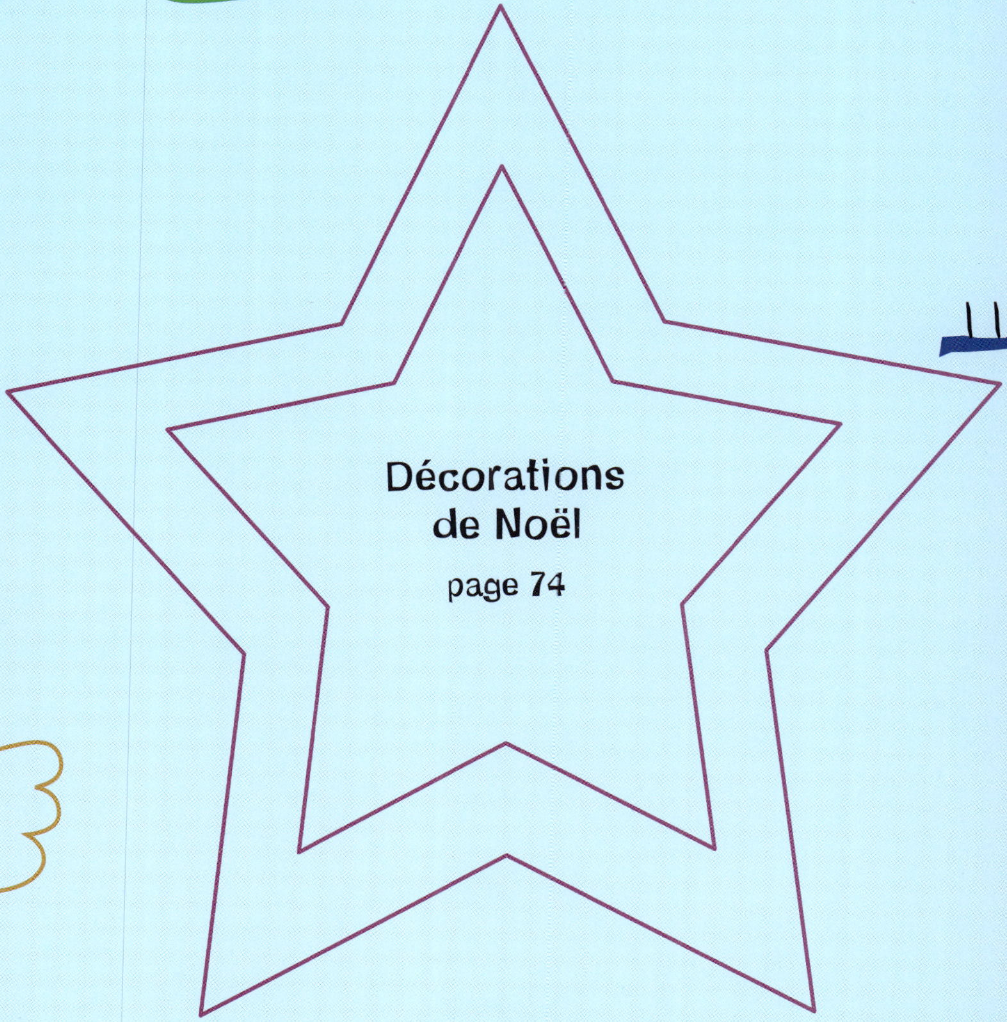

Décorations de Noël

page 74

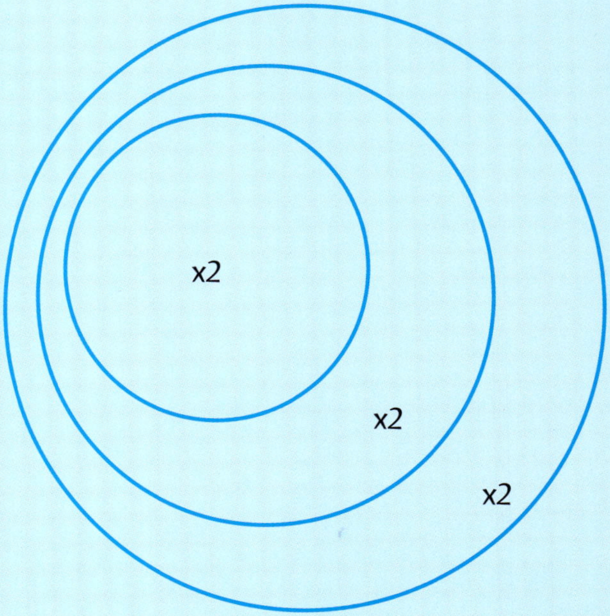

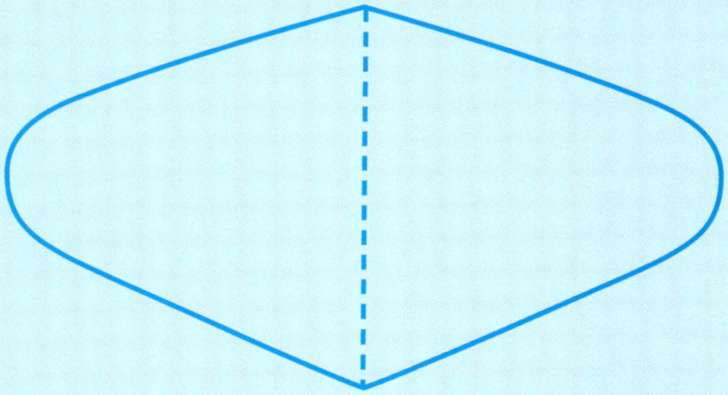

Une chouette lampe

page 78

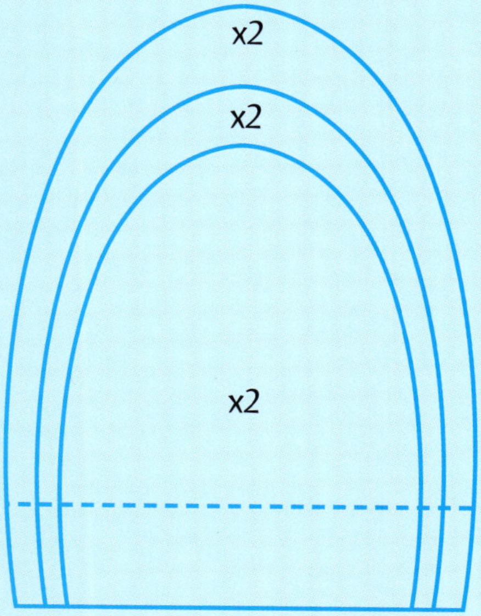

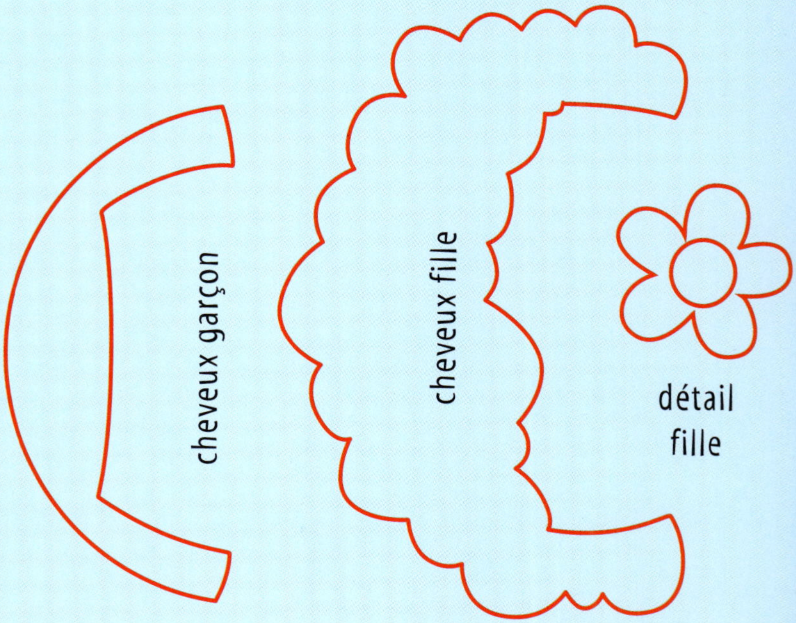

Marionnettes à doigts

page 80

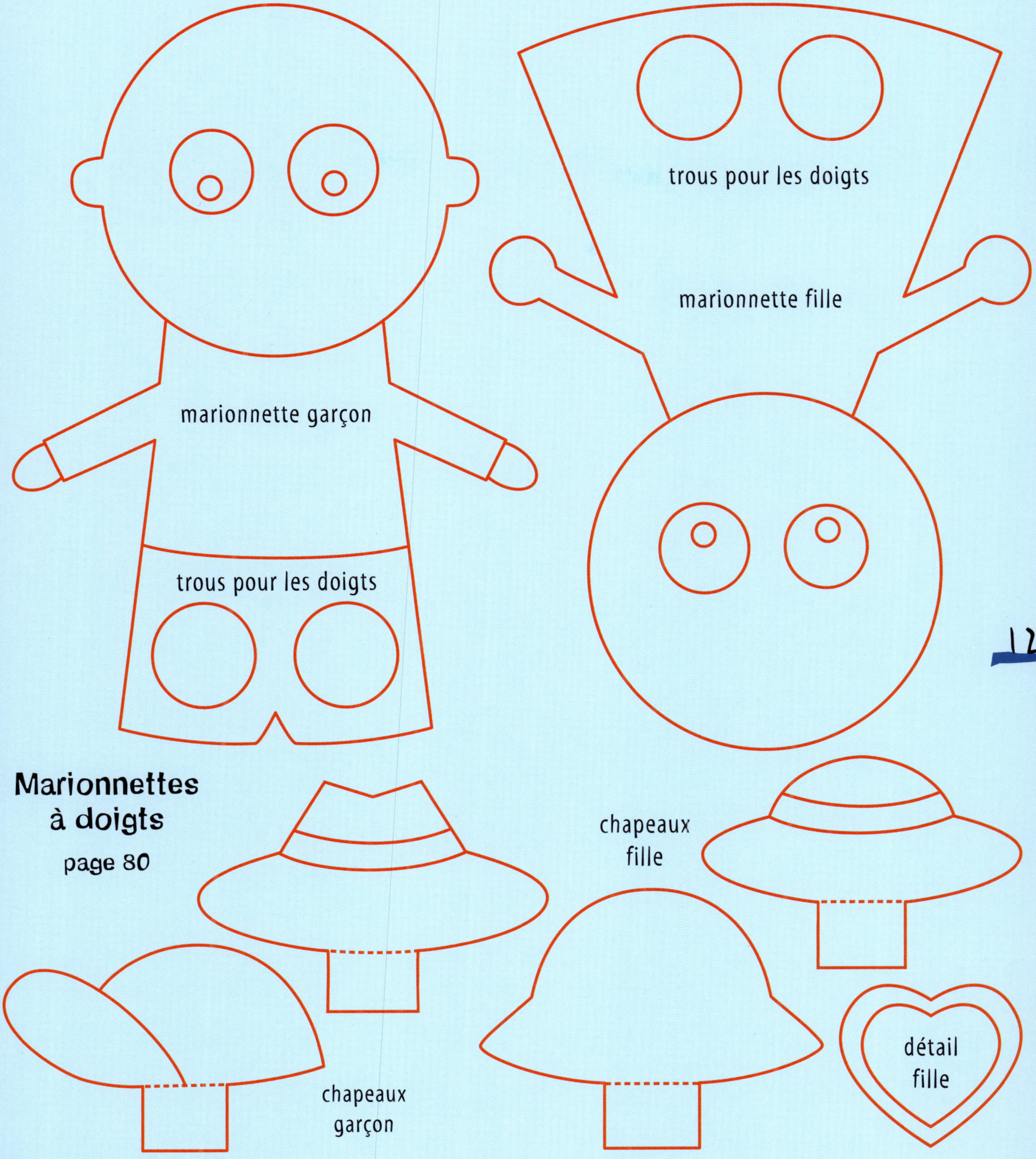

Anneaux pour tous les pompons réalisés dans le livre

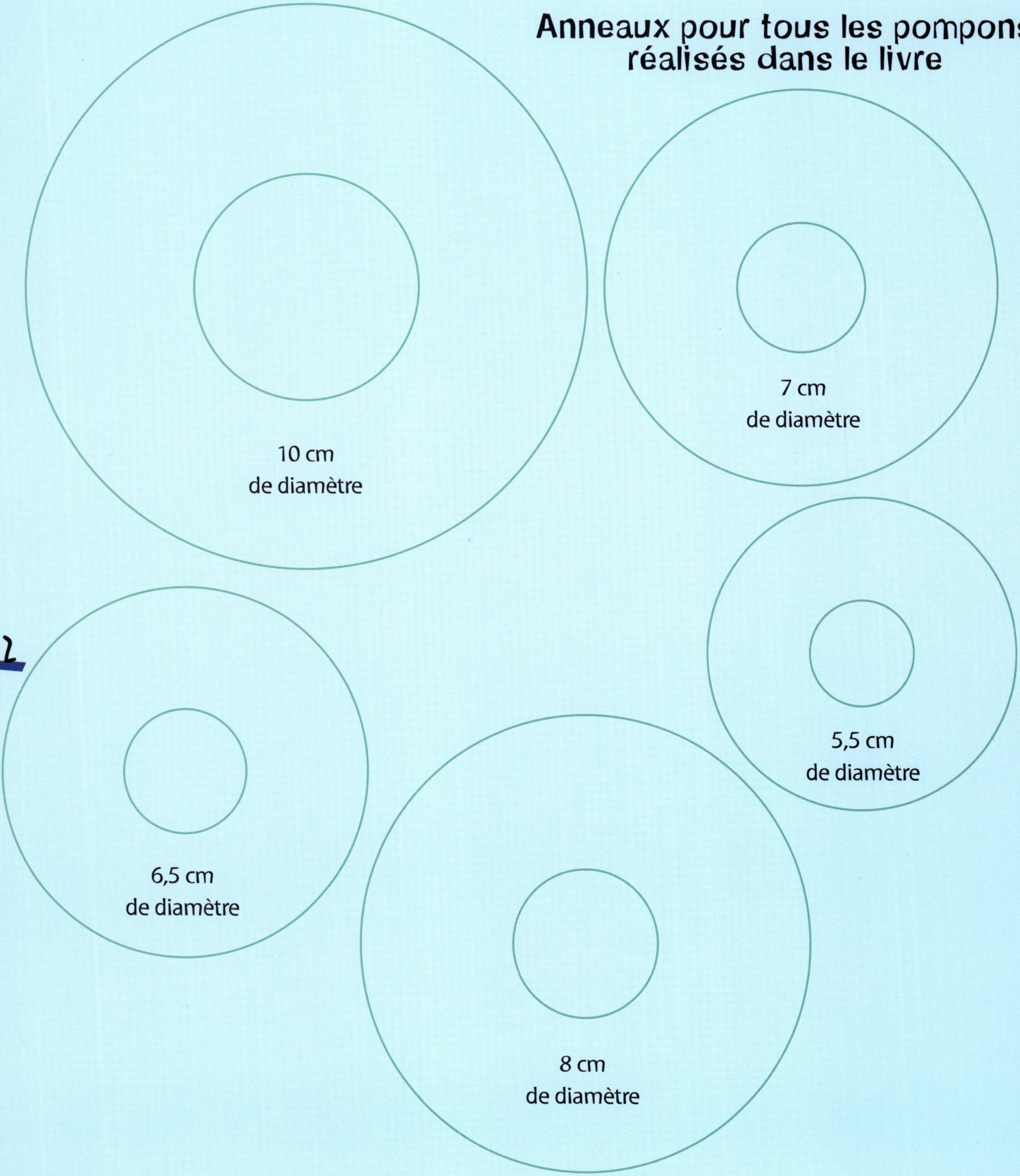

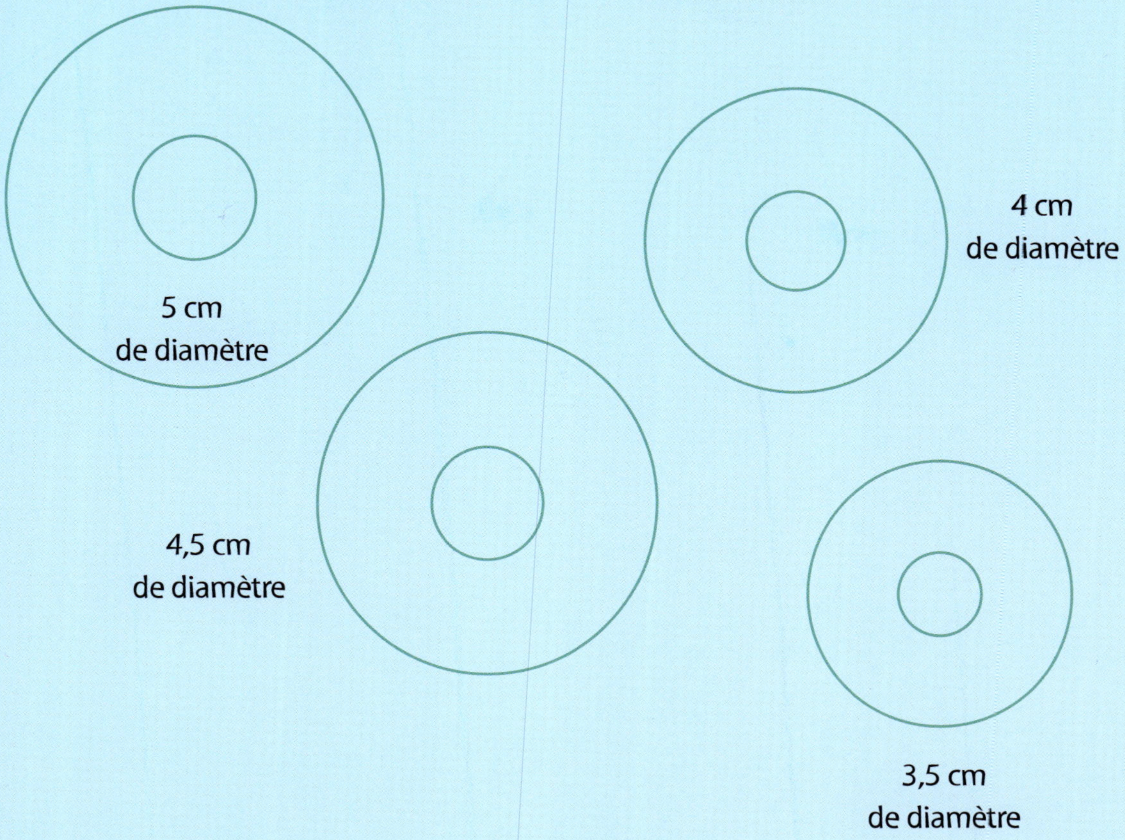

Monstres de douceur

page 92

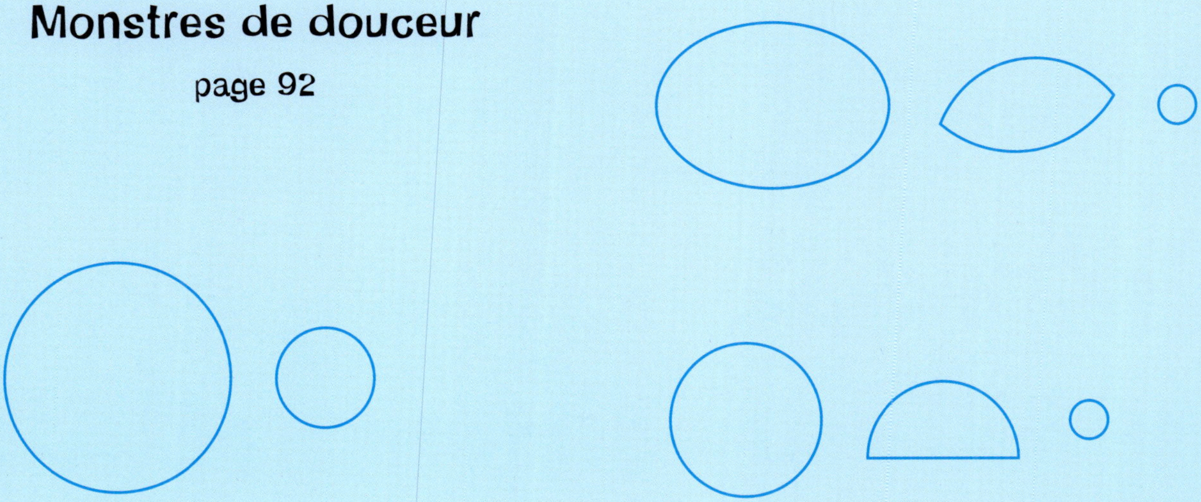

Salade de fruits

page 102

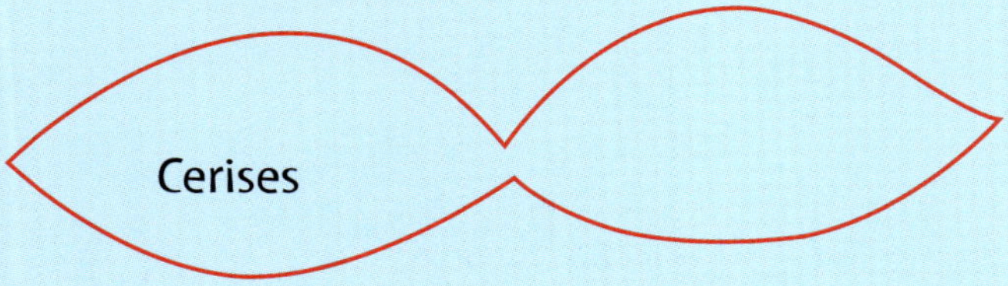

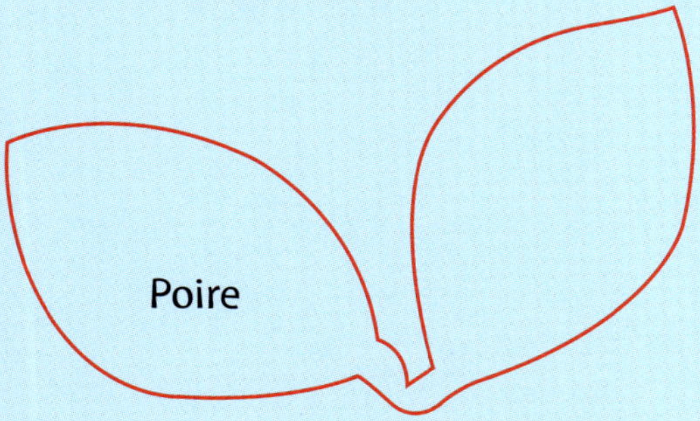

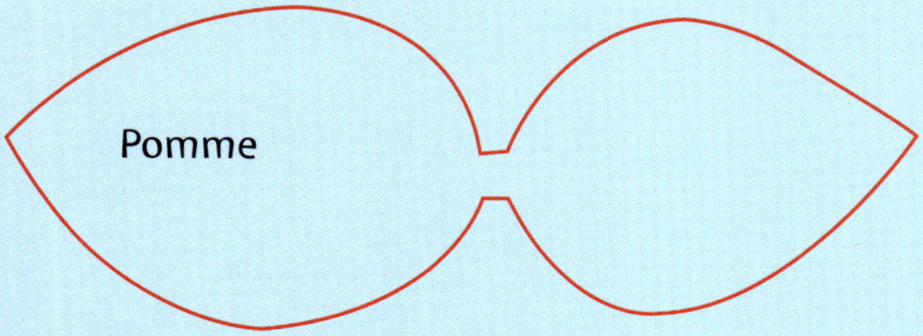

Petites bêtes

page 90

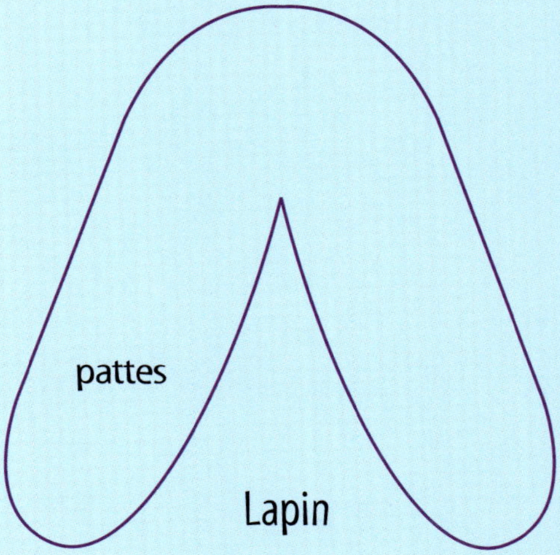

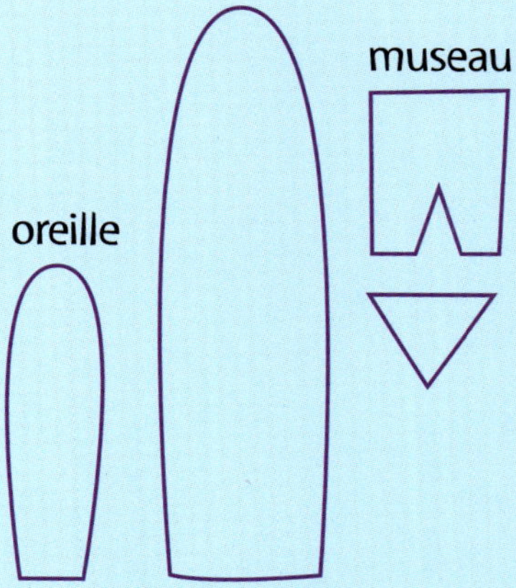

Poussin

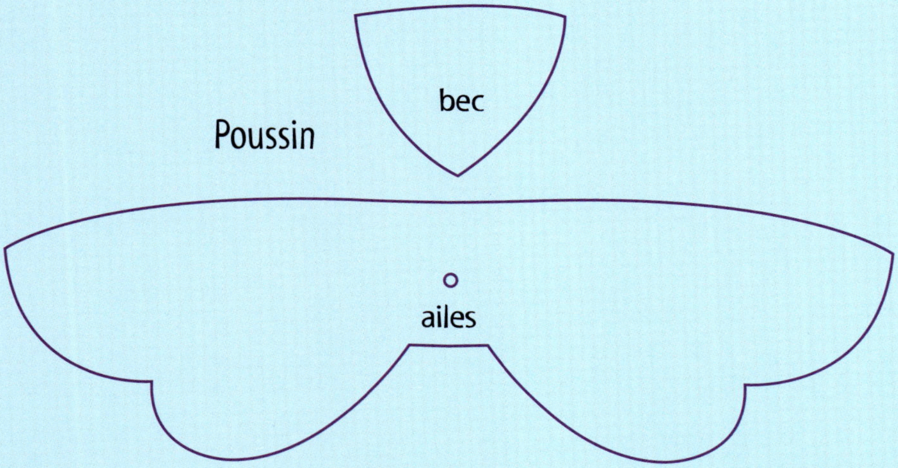

Charmant serpent

page 104

Drôles d'insectes

page 106

Madame l'autruche

page 108

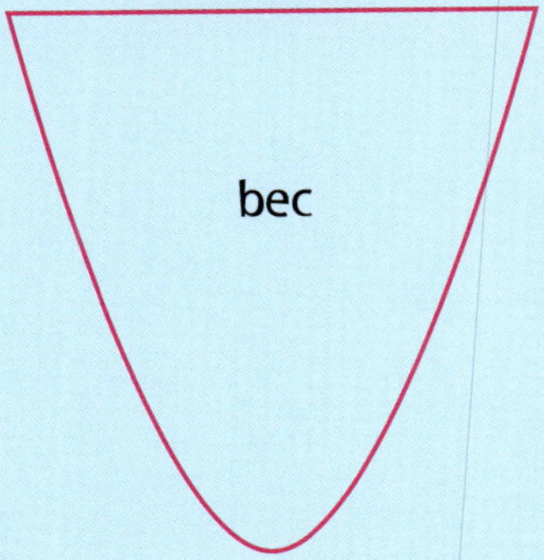

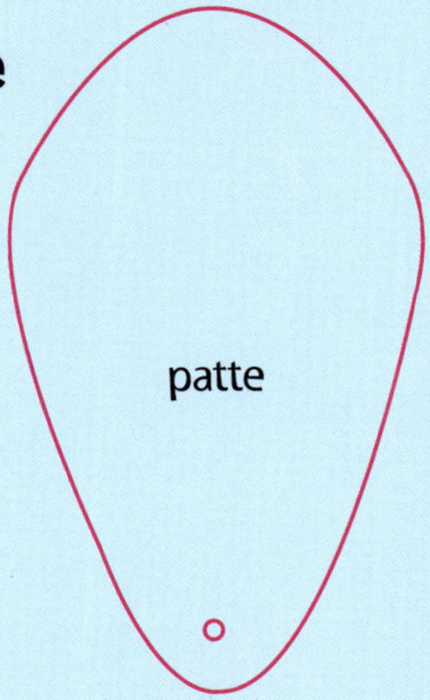